2023年福建省新型智库研究课题："双核心+多品□式驱动的我省大会展产业体系培育发展研究（23MZKB12）。

我国会展影响机制研究
——以福建省为例

WOGUO HUIZHAN YINGXIANG JIZHI YANJIU
YI FUJIANSHENG WEILI

肖龙 ◎ 著

吉林大学出版社

·长春·

图书在版编目（CIP）数据

我国会展影响机制研究：以福建省为例 / 肖龙著. 长春：吉林大学出版社, 2024.7. -- ISBN 978-7-5768-3438-3

Ⅰ.G245；F127.57

中国国家版本馆CIP数据核字第2024JN6564号

书　　名：我国会展影响机制研究——以福建省为例
WO GUO HUIZHAN YINGXIANG JIZHI YANJIU——YI FUJIAN SHENG WEI LI

作　　者：肖　龙著
策划编辑：李伟华
责任编辑：李伟华
责任校对：王　曼
装帧设计：中北传媒
出版发行：吉林大学出版社
社　　址：长春市人民大街4059号
邮政编码：130021
发行电话：0431-89580036/58
网　　址：http://www.jlup.com.cn
电子邮箱：jldxcbs@sina.com
印　　刷：三河市龙大印装有限公司
开　　本：787mm×1092mm　　1/16
印　　张：16.75
字　　数：190千字
版　　次：2025年2月　第1版
印　　次：2025年2月　第1次
书　　号：ISBN 978-7-5768-3438-3
定　　价：95.00元

版权所有　翻印必究

前　言

本书主要探讨会展业、会展活动、会展场馆对传播、产业、城市的具体影响机制路径情况，内容分为会展传播影响机制、会展产业影响机制、会展城市影响机制共三篇，共计15章。

第一章针对"5·18"海交会这一大型会展活动进行信息传递机制的研究，揭示了大型会展活动信息传递的普遍性与"5·18"海交会的特殊性。通过对海交会主办方、承办方及参展商的信息传递机制进行描述，发现了会展信息无序、传递对象弥散化、传递手段单一化等问题。针对这些问题，提出了整合会展资源、利用技术优势、畅通信息传递等对策。

第二章总结了国内外研究学者的观点，以"6·18"海交会作为基础案例分析，深入剖析了会展活动文化传播机制的具体运作方式及其存在的问题。从展品文化、参展商企业文化、展会所在地城市文化三个维度入手，对整体会展活动文化传播机制进行了定性分析。同时，揭示了文化传播机制存在的五个问题，并提出了相应的优化对策，旨在增强会展活动文化传播的广泛性和深入性。

第三章从会展活动的举办实际情况出发，剖析"匠心意蕴"文创活动的实际情况，探讨了其在促进区域文化融合与交流中的作用机制。针对活动在文化交流触点、文化创新动力、持续影响力以及社会参与度方面存在的不足，提出了扩大文创交流覆盖面、鼓励文创产业创新、延伸活动传播链以及鼓励社会全面参与等合理化建议。

第四章通过文献分析与定量分析，以海交会为例，详细分析了会展活动对城市经济二、三产业发展的提携机制。在探究提携机制现存问题的过程中，发现了平台作用弱化、长期效益实现难等问题，并深入剖析了导致这些问题的具体原因。最后，提出了优化会展人才结构、提升城市美誉度与完善配套设施等有效对策。

第五章运用文献分析法、定性分析法和归纳分析法，深入研究了海交会在深化区域优势产业融合发展中的影响机制。针对影响机制不畅通的问题，提出了完善税收政策、深化知识产权保护、创新产业合作机制等对策。

第六章指出，海峡两岸农博会·花博会通过促进区域先进的农业技术、产品和管理经验的交流，推动了区域农业的技术转移和产业升级，加强了区域农民的互动和文化交流，为区域企业提供了交流合作的机会，促进了区域农业的共同发展。

第七章采用文献研究法、归纳总结法和案例研究法，以海峡两岸食品交易会为例，分析了深化区域食品产业融合发展的具体影响机制。针对存在的专业互补性不足、宣传力度不够、产品创意欠缺等问题，提出了加强人才培养、提升宣传推广力度、设计独特产品外观等机制优化对策。

第八章以厦门工业博览会为例，运用定性分析法和案例研究法，从交流壁垒突破、产业结构优化、深度融合、全球拓展四个维度分析了会展活动的影响机制作用过程。针对机制不畅的问题，提出了发挥多方力量、政府与行业协会共建行业规则、提升软硬件环境水平、加快低碳转型等对策建议。

第九章研究发现，木偶艺术展作为一种独特的文化交流形式，在传承和弘扬地域传统文化、推动文化产业的发展、促进区域间的交流与沟通等方面发挥着积极作用。具体而言，通过展示木偶文化、创新木偶表演形式、搭建艺术交流平台等方式，木偶艺术展不仅增进了区域间的文化交流与学习，还提升了木偶文化在国内外的影响力和知名度。同时，作为一种新兴的文化产业形态，木偶艺术展有效促进了文化产业的发展，提升了文化产业的经济效益和社会效益。

第十章采用文献分析法和描述性研究法，对厦门文化产业博览交易会在深化区域文创产业融合发展方面的影响机制进行了深入研究，旨在为加强区域文创产业合作提供有益参考。通过构建相应的理论框架，对其影响的过程和结果进行了深入分析。研究发现，运行引导机制、交流合作机制和传播创新机制是推动区域文创产业融合发展的重要力量。然而，目前存在政府主导、文化交流方式传统、社会文创氛围不足等问题。针对这些问题，提出了优化对策，包括改革执行机构、融入策展理念、联动创意空间等，以推动区域文创产业的健康发展。

第十一章针对海峡论坛的发展现状，深入剖析了深化区域人才链融合发展的具体影响机制，包括完善人才引进机制、加强人才流动机制以及提升人才质量机制等，并详细研究了这些机制在区域融合中所发挥的作用。同时，指出了当前区域人才链融合面临的主要问题，如引才流程不完善、评价制度不科学、激励模式缺乏创新以及文化价值差异等。针对这些问题，提出了优化对策，包括破除体制机制障碍、加强人才评价环境建设、建立长期文化交流平台、完善高质量人才培养体系等，并对未来区域人才链发展模式进行了展望。

第十二章通过政府的政策、公告以及国内外文献的参考，对会展场馆在改良城市基础设施过程中的作用进行了研究。研究发现，在改良过程中政府发挥了主导作用，但存在建设周期长、会展场馆与基础设施发展需求不匹配、场馆规划不足等问题。针对这些问题，提出了优化措施，旨在推动城市基础设施建设中会展场馆的可持续发展。同时，福州会展场馆的地理位置和发展方向具有独特意义，为其他城市提供了借鉴与参考。

第十三章采用文献资料法与实地调查法，通过知网、万维网、国家图书馆等网站查询会展行业推动城市公共功能完善的具体案例。通过对福州市会展业与地方公共功能关系的实地调查和对文献资料的归纳总结，发现福州市会展业对城市公共功能的发展起到了推动作用。然而，也存在当地会展业的"后劲"不足的问题，故推出"明确商业管理主体、加强政府与医疗紧密度、探索新形式教育体制"三个优化政策，以推动福州市会展业发展与公共功能的完善。

第十四章采用定性分析法，对福州市会展业推动城市环境优化的机制进行了深入研究。从内容、存在的问题、问题产生的原因以及对策等四个维度入手，通过定性分析归纳总结了福州市会展业推动城市环境优化的总体情况与发展方向。在此基础上，提出了针对性的对策建议，以促进福州市会展业更好地推动城市环境优化。

第十五章探讨了福州市会展业对城市竞争力的提升机制，具体表现在经济提升、社会完善、科技推动和环境优化四个方面。通过分析会展业在这四个方面的作用机制及存在的问题和原因，提出了相应的优化对策。这些研究不仅完善了会展业提升城市竞争力研究领域的理论体系，也为现实会展业发展和具体管理实践工作提供了借鉴与指导。

肖龙

2024年7月于福州

目 录

第一篇　会展传播影响机制篇……………………………………**001**

第一章　会展活动信息传递机制：以"5·18"海交会为例………003

第二章　会展活动文化传播机制：以"6·18"海交会为例………019

第三章　会展活动深化文化融合的机制：

　　　　以"匠心意蕴"闽台文创周为例………………………035

第二篇　会展产业影响机制篇……………………………………**051**

第四章　会展对城市产业发展的提携机制：以"5·18"海交会为例
………………………………………………………………053

第五章　会展深化优势产业融合发展的机制：以"5·18"海交会为例
………………………………………………………………066

第六章　会展深化农业融合发展的机制：以农花博会为例………085

第七章　会展深化食品产业融合发展的机制：以食交会为例……100

第八章　会展深化机电产业融合发展的机制：以厦门工博会为例117

第九章　会展深化民间艺术产业融合发展的机制：以"指掌春秋

　　　　——闽台木偶艺术展"为例…………………………139

第十章　会展深化文创产业融合发展的机制：以厦门文博会为例
………………………………………………………………158

第三篇　会展城市影响机制篇 173

   第十一章　会展深化人才链融合发展的机制：以海峡论坛为例 … 175
   第十二章　会展场馆改良城市基础设施的机制：以福州海峡国际
   　　　　　会展中心为例 190
   第十三章　会展推动城市公共功能完善的机制：以福州市为例 … 201
   第十四章　会展推动城市环境优化的机制：以福州市为例 219
   第十五章　会展提升城市竞争力的机制：以福州市为例 233

   参考文献 249
   致　谢 257

第一篇

会展传播影响机制篇

第一章　会展活动信息传递机制：以"5·18"海交会为例[①]

当今社会早已步入信息化时代，每时每刻都在产生大量的信息，这些信息来源各异，类型多样，而且数量庞大。信息量迅速增长的同时，媒介技术的发展也在不断革新，人们获取信息的途径越来越多，方法也越来越便捷。正因如此，当今信息的碎片化也愈加严重。人们能够很方便地获取大量信息，但却很难让这些信息发挥出作用、体现出价值。虽然这种获取碎片化信息的过程既是无法规避的也是符合时代规律的，但是面对市场环境的激烈竞争，就要对信息传递的效率提出更高的要求。会展活动作为一种以现场聚集为重要特征的信息交流活动，参会者能够在短时间内获得特定认知对象的足够量的信息内容，同时有着相对集中的信息交流途径。因此，研究会展活动的信息传递机制是非常有必要的。

本章综合整理分析了会展活动对于信息传递的影响机制、机制的内容、存在的问题以及问题产生的原因，研究的综合性较强，对于信息传

[①] "5·18"海交会，全称海峡两岸经贸交易会，又称"5·18"活动，固定安排在每年5月18日开幕，内容涵盖两岸合作、区域协作、商品交易、项目招商、经贸研讨、文化交流等。由福建省人民政府、中国国际贸易促进委员会主办，福州市人民政府承办，以"促进两岸合作、加强经贸交流、展示海峡西岸"为主题。

递机制对会展活动的创新研究领域有理论补充和拓展意义。通过全面研究信息传递机制对会展活动的影响，提出创新信息传递改革对策，可以清楚地帮助发现会展活动的发展方向，对会展活动连接产业结构形成整体架构认识。因此，本章基于"5·18"海交会通过探究信息传递机制对会展活动的影响，创新推动会展活动融合发展，对于其他相关展会有一定的借鉴意义，具有现实意义。

一、会展活动信息传递具体机制

"5·18"海交会是我国对海外的经济贸易交流的重要平台，目前已是福建省最具影响力的信息交流活动之一。本节将按照图 1-1 的结构对"5·18"海交会信息传递机制展开分析。

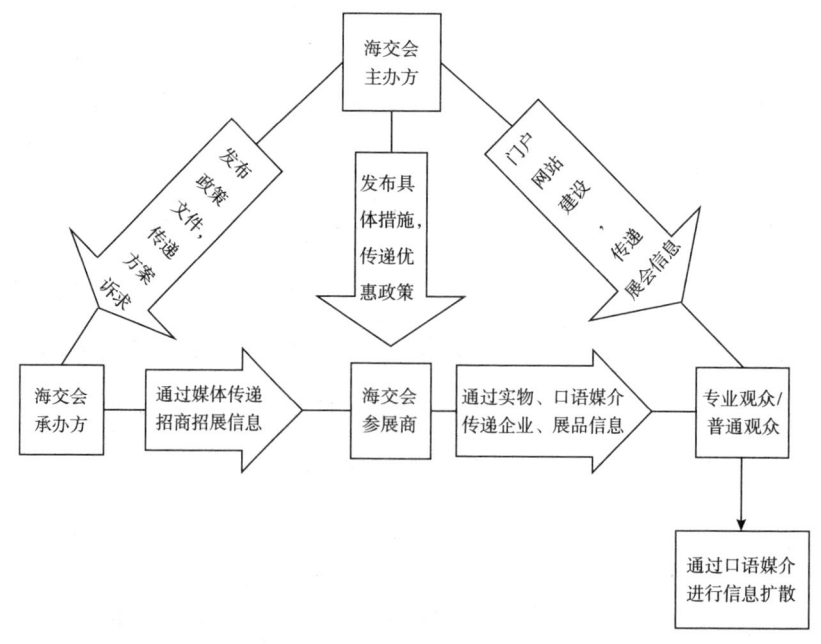

图 1-1 "5·18"海交会信息传递机制

（一）主办方信息传递机制

"5·18"海交会是由中国国际贸易促进委员会和福建省人民政府联合主办，商务部作为支持单位的会展活动。作为主办方，在会展活动中主要起决策作用，展会需要利用主办单位即政府部门的强大号召力来为展会服务。而政府部门的强大号召力需要其信息传递能力来体现。一般来说，主办方并不直接参与展会举办的实际操作过程，而是与承办方进行合作，共同吸引参展商和观众的眼球。主办方在信息传递的过程中，主要通过互联网、公众号、官网等渠道，利用发布政策制度、会议通知等各种形式，将展会活动相关信息传递给承办方、参展商以及观众。

主办方需要承办方在活动中承担方案实施的工作，因此主办方需要传递给承办方的信息就是其方案诉求。例如，2007年举办的第九届"5·18"海交会，主办方就通过发布政策文件向承办方传达海交会促进合作的主题，"紧扣主题、突出重点、发掘资源、增辟渠道、增强实效、锻造品牌"的原则。在主办方召开的会议中也包含许多未公开、未发表的原始文献及资料，如演讲稿、手稿以及一些内部书刊资料等。其传递信息的表现形式和载体种类繁多，可利用纸张、电子产品作为介质，以文字、图像、声音等作为表现形式来传达信息。

主办方需要传递信息给参展商和观众，通过吸引优秀企业、专业观众和消费者前来参展从而提升展会价值。"5·18"海交会的最终目的是交流信息和达成贸易，因此具有社会功能，而且"5·18"海交会还具有集中性和参会人员的广泛性，容易引起受众的注意。"5·18"海交会是对外交流的先行平台，在2021年的"5·18"海交会上，主办方福州市政府发布6条新措施，聚焦经贸交流合作，旨在探索海内外合作发展新路径。主办方通过发布政策的方式传达信息给参展商，吸引企业参展并促进交流。

"5·18"海交会进行了门户网站建设。通过互联网渠道向观众传递信息，提供了展会日程、亮点、展品、参展程序等信息。门户网站是一个包括企业、产品、商机、资讯类信息的聚合平台，同时也是电子商务交流的入口，网民和相关企业、机构能够通过这一渠道获取"5·18"海交会的详细信息。主办方利用互联网，通过门户网站来发布和展示展会信息，其受众是参展商和观众，相关人员在接收到展会亮点信息后，可能将信息向外传递，让信息传递范围更广，潜在观众在获得信息后，能够提高其参与展会的可能性。

（二）承办方信息传递机制

在展会活动中，承办方一般负责展会活动的具体实施过程，包括招展、招商和宣传。在2021年"5·18"海交会中，其承办单位主要包括福州中诚展览服务有限公司、福州儒释道印象文化传播有限公司等。

如今，承办方信息传递的方法更加灵活，信息传递渠道也更广泛。例如，承办方可以使用印刷媒介、网络媒介、电子媒介、现场演出和活动等进行信息传递。当代社会是一个"媒介化"的世界[1]，尤其是互联网出现以后，信息极大丰富甚至泛滥，信息已经成为一种过剩资源。相对于过剩的信息，只有人们的注意力才是稀缺的资源。在这种情况下，信息

---

[1] 在现代社会中，媒介技术广泛应用并深刻影响人们日常生活和社会各个方面的现象。媒介化的世界不仅改变了人们获取和传播信息的方式，还深刻影响了人们的思考模式、价值观念和社会关系。

是否能够有效地吸引受众的注意力就变得尤其重要。[①]"5·18"海交会将多种媒介进行综合运用，全方位刺激参展商和观众的感官，提高信息传递速度，并对受众产生强烈的信息传递效果。承办方通过VI整体设计，制作电视宣传片、专题宣传片、广告片，以及举办新闻发布会和推介会等形式向参展商、贸易商和观展人员宣传福建经济贸易优势，促进海内外经济社会融合发展。

"5·18"海交会的VI设计围绕"促进合作""加强经贸交流"的主题，生动地为参展商和观众展示了"5·18"海交会的形象。海交会利用电视宣传片及广告片重点宣传经贸合作的特色，积极向外商宣传推介海交会，以吸引更多外商参会。"5·18"海交会重点宣传福建发展战略，"越是区域的越具有世界性"，以此吸引世界目光，吸引各地投资者参与"5·18"海交会，以全局互动赋予"5·18"海交会更高站位上的目标以及定位。

"5·18"海交会承办方要给参展商和观众传递信息就要借助媒体力量，媒体对参展商和观众有着潜移默化的影响，因此"5·18"海交会发挥媒体的推动作用，以此提高海交会信息传递的效果。比如，"5·18"海交会在境外推介方面的信息传递工作。在国际问题方面，由于普通观众平时较少有机会直接接触与了解国外的情况，境外参展商即便有意向也很难主动前来与主办方、承办方进行信息互通。2007年"5·18"海交会利用国外媒体，如各国知名商协会会刊来进行境外推介，并且组织推介小组分赴境外不同地区开展多种形式的推介活动，主要采取召开会议、

[①] 朱秀凌.我国会展传播的SWOT分析[J].闽南师范大学学报（哲学社会科学版），2009（2）：143-148.

登门拜访、面对面洽谈的方式，向当地的政府招商机构、投资商、采购商等全面宣传海交会的情况及特色，力争在境外加强海交会的品牌宣传和招商工作。在境内媒体选择上，海交会选择国内综合类媒体，如《中国日报》《经济日报》《文汇报》《福建日报》以及网络媒体等进行宣传推介。媒体推介主要包括境内外招商广告、招展广告、会议活动广告以及形象广告投放等信息内容。与此同时，在福州、香港、广州、上海等地召开新闻发布会，并在福建省电视台和福州电视台播出海交会宣传片和广告片。

"5·18"海交会承办方与媒体的交流方式主要有3种：接受简短的采访、接受媒体的专访、召开记者招待会。对此，承办方发言人要事先做好准备，仔细考虑要向记者传达的核心信息，力争将其变成受众所需的有价值的信息。答记者问时，尽量把记者的问题和自己要向外界传达的信息结合起来，把自己所要传达的信息传递出去。[①]

通过利用各方媒体传递宣传推介信息，扩大境内外招展招商效果，潜在观众可以加强对外信息传递，对外树立形象，扩大对外宣传效果。

（三）参展商信息传递机制

参展商是展会信息的直接传递者，参展者直接面对的是信息受传者——专业观众[②]和普通观众进行信息传递。每一家参展商在展厅里都会配备自己的展台来建立自己的形象、陈列自己的展品，参展商几乎所有

[①] 俞华.会展信息交流研究［M］.北京：中国商务出版社，2006：23.
[②] 通常指的是具有特定行业背景和专业知识，对展会展示的产品、技术或服务有浓厚兴趣和需求的人群。他们是展会的重要参与者，通过参观、交流和合作，不仅推动了会展经济的发展，也为行业发展提供了新的思路和方向。专业观众的存在，使得会展成为了一个集信息交流、技术展示和商务洽谈于一体的综合性平台。

的资料和信息都是来源于自己的展台，它们是一种综合、全信息的媒体，汇集了几乎所有的资料和媒介形式，包括印刷媒介、实物媒介、现场表演和活动、新媒体网络、口语传播媒介等，这些媒介可以传递各类信息，如实物信息、口语信息、文字信息、网络信息、感情信息等。由于参展商和观众目的明确，因此这些信息的定向性强，面对特定观众传达特定信息，且信息变化更替迅速，时效性强。

参展商使用印刷媒介进行信息传递，并不是指印刷报纸传递信息，而是配合实物展示的文字、图片、示意图等。会展活动中的印刷媒介在信息传递的时间上是有所突破的，这得益于印刷媒介的留存性。在"5·18"海交会举办的过程之中，观众在一定时间内接收到大量的信息，很难快速做出抉择，而印刷媒介能够帮助观众将接收到的信息进行整理分析，突破了时间的限制。电子媒介则是突破了空间的限制，例如，在"5·18"海交会上使用的VR技术，观众通过VR设备看到模拟的各种场景，而这些场景都是在场馆内无法实现展出的，却能够通过电子媒介实现空间上的突破。在"5·18"海交会现场出现的门票、名片、宣传手册、手提袋、数字显示屏、投影等，就是参展商传递信息的印刷媒介和电子媒介，将印刷媒介和电子媒介的优势整合起来共同服务于某一个对象，为"5·18"海交会参展商信息的全面传递提供了保障。

参展商为观众提供的实物信息就是通过物品来表现和传递的信息。"5·18"海交会上展出的展品、模型等都蕴含着丰富且直观的信息。包括展位的特色布置也是传递信息的一种渠道，展位设计用乡土植物、家具小品、土特产、工艺作品等进行组合，重点突出某一主题，体现参展商的企业文化和产品文化，能对受众产生巨大吸引力。

（四）观众信息传递机制

在信息传递的过程当中，专业观众和普通观众都作为会展活动信息传递的受传者，针对不同类型的观众，存在不同的信息传递机制。专业观众指的是与会展服务相关的专业技术人员或者参与展会相关设计、销售等服务的人员，他们通常是由于需要购买展品从而实现自身的生产或贸易的目的。在展会上，专业观众能够花费最少的时间成本和资金成本购买到最合适的产品和原材料。专业观众在会展活动中最需要获取的信息是展品的质量、功能、技术功能及参数等，对产品和服务进行比较，从而使自身利益最大化。而普通观众指的是为了自身兴趣、开阔视野或为了购买商品等原因而参加展会的观众，普通观众主要获取的信息一般包括展品价格、展会活动、现场氛围等。

许多参展商可能会在展会中发布企业的新产品的相关信息，此时专业观众通过这样的信息传递方式，可以接收到行业内最新的产品技术等信息，并且参展商为了使专业观众在接收信息后能做出积极反馈，产生购买欲望和购买行为，会为专业观众准备有针对性的宣传物料和产品样本。

普通观众对海交会信息的接收主要通过两个渠道，一种是通过媒介来获取参展商提供的总结好的信息。另一种是通过展会现场的亲身体验来获取信息。这就不得不提到信息的人际传递。只有让观众亲身体验到产品，身临其境体验到产品的作用和其带来的好处，观众才能对参展品牌和企业留下深刻的印象，从而大大提高信息传递效果。第二十二届"5·18"海交会邀请网络主播进行了推介带货，观众不用到现场就可以观看直播来了解展会，同时体验线上展会平台，通过智能移动终端进行互动。主播的口语信息传递受众覆盖极为广泛。因此,"5·18"海交会利用口语媒介①,通过信息的传递形成了良好的口碑,提高了展会的知名度和美誉度。

二、会展活动信息传递机制存在的问题及原因

分析会展活动信息传递机制存在的问题及原因至关重要,这直接关系到活动的成功与否,以及参与者、赞助商和观众的体验。信息传递机制是会展活动的核心所在,它决定着活动信息传播的效率、准确性及覆盖范围。若存在问题,可能导致信息传递受阻,进而影响活动的吸引力、参与程度及整体效果。同时,随着技术的日新月异、全球化的加速推进以及消费者行为的不断演变,信息传递机制亦需不断适应新的环境和需求。因此,深入剖析并改进会展活动信息传递机制的问题与成因,对于提升活动品质、增强市场竞争力及满足现代消费者的多样化需求具有重要意义。

(一)缺乏对信息的策划和控制,会展信息处于无序或失控状态

会展活动的主办方和承办方主要把大量财力、人力、物力、智力的投入和重点集中到会展活动本身的组织和经营运作上,而对会展活动的信息传递普遍缺乏有效的策划和控制,②只是任由信息自行扩散和发展。规模不同的会展活动存在的信息传递缺陷也有所不同,较小规模的会展

---

① 谢清果,曹艳辉.口语媒介的变迁与人性化传播理念的回归[J].徐州工程学院学报(社会科学版),2013,28(3):79-84.
② 朱秀凌.我国会展传播的SWOT分析[J].闽南师范大学学报(哲学社会科学版),2009(2):143-148.

活动在主办方和承办方通过信息传递进行宣传时，宣传常常停留在活动本身，如时间、地点、主题等信息的传播，但只传播这些信息很难对受众产生足够的吸引力，所以信息传递效应较差。有些大型会展活动虽然吸引或邀请了一些国内媒体和国际媒体，但不同的媒体对信息有不同的需求，当信息量井喷式爆发，面对各种难以预见的突发信息以及复杂的媒体关系协调，传递者或是缺乏考虑，或是束手无策，会展活动的信息就很可能处于无序或者失控的状态。

（二）单一手段无差别投放信息，致使信息传递对象弥散化

主办方在为会展活动做宣传时，常常出现信息传递对象弥散化、信息传递手段单一化的问题，这可能是源于宣传方对受众没有进行详细分析的原因。宣传方往往只关注宣传媒介、广告传播媒介的权威性，选择知名度较高的各类型大媒体进行发布，在付出相同成本甚至更高成本的情况下，对展会的宣传却不能起到最好的作用。事实上，当前媒介的个性化十分鲜明，应该有针对性地选择目标受众所喜好的媒介。目前，国内企业在信息传递的手段上，往往会出现过度营销的情况，更有甚者采用新闻炒作的方式来夸张化宣传，利用"广撒网"的单一信息传递手段对受众进行无差别的广告投放，而较少以受众的立场为导向，用多样化、立体化的信息传递方式来整合会展品牌。

（三）会展活动差异化难以形成，对信息受众的吸引力不够

美国的一位市长说过，如果在这个城市开一个国际会议，就好比有一架飞机在我们头顶上撒美元。为了在短期内迅速追求经济利益，国内许多城市纷纷举办各种会展活动，展会的数目不断增加，涉及的信息传

递内容多而杂，且存在大多数展会规模小、展期相近、展题雷同、内容相似的现象。[①]各种展会纷纷传递大量信息极尽宣传进行竞争，同一题材展会的差异化越来越难以形成，受众难以从大量无差异信息中筛选亮点信息，导致会展活动吸引目标受众的难度越来越大。

（四）会展信息门户网站建设仍处于传统模式，缺少信息交互

会展的信息门户网站建设缺乏与参展商、采购商、专业观众和普通观众的交互。如果能结合电子商务和门户网站，开设信息交互渠道，既能为网站用户提供最新、最权威的会展资讯，又能成为参展商、观众和组织方的沟通交流平台，这将促进会展信息传递进程。此外，还可以加强展后信息交互，因为展中许多信息以展示视频资料为主，信息内容转瞬即逝。因此，应加强信息门户网站建设，使得此类信息内容具有留存性。

三、会展活动信息传递机制的优化对策

优化会展活动信息传递机制至关重要，此举能够显著提升信息传递的效率和准确性，进而增强参展商和观众的满意度，提高活动的市场竞争力。通过积极运用新技术和创新方法，我们能够更好地满足用户需求，促进信息的快速流通和资源共享，从而推动会展行业的持续健康发展。因此，深入研究会展活动信息传递机制的优化对策，不仅对提升单个活动的质量具有重要意义，对整个会展行业健康发展也具有重要意义。

---

① 朱秀凌.我国会展传播的SWOT分析［J］.闽南师范大学学报（哲学社会科学版）,2009(2):143-148.

（一）整合资源优势，畅通会展信息传递

在提高会展信息传递效率的过程中，可以依据展会资源优势，如地域特色、地域文化等，突出展会特色及亮点，吸引受众眼球，在信息源建设上体现出的资源优势能够为信息传递服务于更大范围的客户提供可能。互联网时代，在各种信息传递媒介上，尤其是以手机为媒介的移动传播方式，已引起数字化时代大众对于信息传递需求的关注。可以利用信息渠道建设的资源优势提高信息传递效率。

例如，举办"5·18"海交会，可以充分凸显福州的地域性和文化特色，打造国际化品牌。它既是福州位于特殊位置而带来的一种地域性优势，又是福州向全球各地传递一系列品牌信息的一种重要优势。如果能够充分利用好自己的地域优势去创新与会展相配套的活动，将有可能给会展信息的传递提供更好的效果。比如，在福州市举办的第一届青年运动会，组委会便充分考虑结合当时福建省各个旅游区域的特色文化教育特色，推出了一系列丰富多样的沟通交流活动——探访"海上丝绸之路文化体验小屋"，在信息的传递之中了解海丝文化。又比如，上海世博会整合了公关、活动、媒介、宣传品等多种信息传递渠道，使得"上海世博会"和"城市，让生活更美好"的品牌信息传递效应规范化、清晰化。

（二）整合技术优势，引进信息化平台

美国计算机科学家马克·韦泽说："最高深的技术是那些令人无法察觉的技术，这些技术不停地把它们自己编织进日常生活，直到你无从发现为止。"而互联网正是这样的技术，它正潜移默化地渗透到我们的生活

中来。[1]所谓"互联网+"时代，并非是"互联网的移动化"那么简单。随着智能手机的普及，信息传递已经在技术上具有了显著的优势，要将其技术优势充分地发挥出来，应该将 PC 端和移动客户端及时打通，统一后台和数据，迅速分析整合 PC 网站、移动客户端、微信、App 以及现场营销数据，通过改善和提高移动客户端的功能性和体验感，为广大参展者及观众提供定制化的信息传输需求。例如，提供移动 App 定位展览平台、指引展览流程、为所有参展者及其他观众提供介绍和展示产品服务、提供可操控设备乃至提供良好的现场的环境；通过互动式的多媒体，实现现场各类体验型的活动；通过大屏幕终端直接进行场内外的交流、订货、采访，分享自己的意见、观点和感觉；提供一系列嵌入式的服务，把供需、供给端和市场需求端有效地连接起来，[2]真正做到对新媒体信息传递方式的创新。

"互联网+"把线下参加展览的观众直接导入线上，让展会和观众之间能够产生更加持久的注意力和更多的互动，也为主办方和参展者的数据挖掘和分析工作提供了基础。对于展会的许多相关问题，都可以充分地利用"互联网+"来记录和分析每个个体的行为随着时间的推移而变化的规律，使这些资料和数据真正地成为会展的核心，使数据的积累与分析真正地有助于影响接下来的展览邀约，让本次展会的终点作为接下来第二次展会的开端，形成良好的信息闭环，实现信息传达的价值和效益最大化。

---

[1] 阿里研究院."互联网+"的动力：云计算、大数据与新分工网络［EB/OL］.（2015-03-18）［2024-01-10］.https://www.cac.gov.cn/2015-03/18/c_1114675298.htm.

[2] 朱秀凌.我国会展传播的 SWOT 分析［J］.闽南师范大学学报（哲学社会科学版），2009(2)：143-148.

（三）整合社会资源优势，满足扩散化传递需求

展览数据库、会展协会、展览统计、出版物等都是会展现有的社会资源。要满足扩散化信息传递需求，就要懂得整合资源优势。社会资源的利用能够帮助信息数据化，对比数据得出的结论就是有效信息。例如，通过展览数据库比对就能得知整个会展行业发展情况、会展项目发展情况、单个项目详细情况等会展信息。

要满足扩散化传递需求，利用微信这一软件的资源优势建立社群是较为有效的对策。在互联网工具诞生之前，传统会展主办方大多是通过邮件、短信、电话等方式邀请受众参展，同时邀请行业媒体作为传播渠道补充。而广撒网式的传播方式，往往无法完全覆盖目标用户，雷同的内容让大多数用户感受不到展会的价值，造成预登记、到场转化率不理想的情况。社群天然具有社交属性，同一个行业、同一个目标的人才会汇聚到社群里，主办方根据社群的用户群体，发布群人员共同关注的信息，进行精准信息营销，相比广撒网式的邀约方式，其转化效果更好。

（四）消除信息传递的干扰因素，保障信息传递有效性

在肢体语言传递游戏中，由第一个人把成语用肢体动作展示出来，常常在肢体信息传递到最后一个人时，总会与原先的成语有些误差。在这个过程中，其实就发生了信息的损耗、干扰，从而导致信息失真。在会展活动的信息传递过程中同样如此。从信息主体开始传递出信息的那一刻起至信息传达到受众的这一过程中，存在许多干扰因素，只有降低无效信息的干扰，才能保障信息传递的有效性。

可以从信息过滤的角度着手消除信息传递的干扰因素，比如，筛

选具有时效性的信息，将过时的信息进行过滤，因为陈旧的信息往往会与现在的真实情况存在偏差，所以陈旧信息一般价值不大，并且已经废止的政策就很可能对信息传递的过程造成干扰，造成信息错误。在筛选信息的时候可以通过引用率、搜索率等指标进行筛选，增加信息可靠度。

三、本章小结

信息传递的效果其实就是指信息传递主体将其所发出的信息通过媒介传递到受众身上，导致其使受众的思想观念、行为模式产生改变，进而在经济社会中带来一定的效果。其实，会展活动本身也就是一种人类特殊的资料和信息传递活动。这种信息传递活动以会展作为信息沟通和交流的主要载体，通过各种形式的信息传递手段的综合运用，进行对信息的组织和传递。其本质是信息交流，首要功能是信息传递，主要运行手段是信息技术，整个运行过程中始终与信息进行着高密度的运动，其活动结果就是信息传递的效果。一般而言，一个会展举办得到底有多大，其中最重要的衡量指标不仅是有多少参展商或是观众参与，更为重要的指标是它的宣传广度与深度，这才是会外之会，[1]所以会展活动的范围与边界并非在于会场，而是被会展所传递的信息影响的受众。从这个意义上说，会展信息传递比会展本身还重要。

若将来会展活动能推出面向组织方、参展商、采购商的一站式信息服务平台，完善会展的信息管理链，使大量重叠的、碎片化的信息能得

---

[1] 朱秀凌. 我国会展传播的 SWOT 分析 [J]. 闽南师范大学学报（哲学社会科学版），2009(2)：143-148.

到整合，并通过现代科学技术优势，建立起相应技术平台将信息精准传递给受众，那么会展的信息传递机制就能发挥其重大作用，给展会带来最大效益。会展活动的信息传递机制的研究目的就在于此，相信在不久的将来一定能实现。

第二章　会展活动文化传播机制：以"6·18"海交会为例[①]

在世界经济舞台中，会展业和会展经济绽放着自己独特的光芒，呈现出多方位融合、总体向上高增长的积极态势。然而，由于各国经济条件和发展状况的差异，全球范围内的会展业和会展经济也呈现出不同的发展特点，并逐渐演化出各具特色的会展业发展模式。在全球不同发展状态下，中国应客观分析会展业总体形势，探索中国特色的会展业发展路径，向专业化道路迈进，推动区域经济发展。

会展经济是第三产业发展日趋成熟后出现的一个综合性更强，关联性更大，收益率更高的经济形态，它的出现可以作为该地区第三产业成熟化和完善化的标志。[②] 目前，中国会展业形成了以会展中心城市为主的

---

① "6·18"海交会，全称中国·海峡创新项目成果交易会，以"项目—技术—资本—人才"为主题，是福建省为广泛吸纳国内外科技成果与福建企业对接，加快科技成果向现实生产力转化而搭建的平台，每年6月在福建省福州市福州海峡国际会展中心隆重举办。
② 马勇. 中国会展经济发展解读［J］. 经济地理，2002（3）：293-296.

五大产业带[①]，构建了以国内大循环为主体、国内国际双循环相互促进的服务体系。随着中国会展市场的不断拓展，会展经济也实现了质的飞跃，在全国范围内，各省各市经济分量越来越重要。近年来，中国会展业发展迅速，拥有广阔的发展空间，产业规模不断扩大，大量会展基础设施建设完善，会展经济效益影响巨大。目前，"一带一路"倡议的相关政策扶持为会展业打造文化产业链提供了非常坚实的渠道基础。如何构建会展活动文化大平台以及如何建立会展活动文化体系成为会展业发展至关重要的战略计划。

一、会展活动文化传播具体机制

会展活动文化传播的具体机制对于活动的成功和影响力的提升具有至关重要的作用。这一机制不仅决定了会展活动中文化内容的传播方式、范围以及效果，更深刻影响着活动参与者对于文化的理解、接受和认同。通过构建有效的文化传播机制，能够将丰富多彩的文化元素精准地传递给目标受众，进而增强他们的参与感和文化共鸣，从而显著提升会展活动的吸引力和影响力。同时，文化传播机制也是促进不同文化间交流与融合的关键纽带，有助于推动文化多样性的发展以及社会文明的进步。因此，深入研究并优化会展活动的文化传播机制，对于提升活动的文化内涵、增强社会价值具有深远的意义。

---

① 我国五大会展产业带各具特色，发展势头强劲。环渤海会展经济带以北京为中心，辐射天津、廊坊等地，专业化、国际化程度高。长三角会展经济带依托上海，涵盖南京、杭州等城市，政府支持力度大，发展潜力巨大。珠三角会展经济带以广州为龙头，深圳、珠海等城市紧随其后，现代化、国际化水平高。东北会展经济带以大连、沈阳等城市为核心，依托工业基地优势，形成了知名品牌展览。中西部地区会展经济带则以成都为中心，重庆、西安等城市共同发力，推动中西部地区的会展经济蓬勃发展。

（一）展品文化传播机制

在福州的"6·18"海交会中，大量的展品蕴含着丰富的文化内涵。例如，在二号展厅的绿色农业馆和茶产业馆中，虽然主要展示的是绿色农业产品和茶叶，但是在这些朴实无华的农产品中，人们仍然能够感受到浓厚的文化底蕴。这是因为这些展品本身就承载了丰富的文化内涵。展品文化传播机制如图2-1所示。

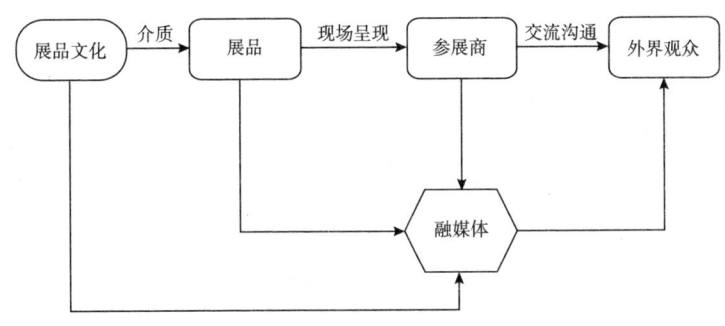

图 2-1 展品文化传播机制

现代会展已经脱离了传统会展的模式，从最初观众简单地参观以及参展者被动地参与倾听到现在参展者主动积极参与到展会这个传播者文化语境中，从而产生了展示符号的文化理解、交流与共鸣。在展会上，展品通过展示的形式供展会的参与者欣赏了解。在这个过程中，展品文化通过展品这个信息媒介与参展者的思想进行了沟通。每个展品都具备着自身不同的精神文化信息，这些信息通过物体直观地展现出来，产生的效果也不尽相同。虽然展品文化与参展者的思想沟通交流的方式是一样的，但是每个参展者的思想却各不相同。在这种情况下，每个人对展品文化的理解就不可能相同，这也体现了展会文化的多样性和多变性。在这个情境中，会展中的展品所存在的文化性质以及其展现出来的技术和文化内涵，只有被参展者完全并充分地解码，才能算是一次成功的传播。

在展会中，参展者参与展会，寻找自己感兴趣的展品进行观赏，理解其包含的文化底蕴与内涵。之后，他们带着自己的认知去寻找志同道合的群体，产生内容认同和情感共鸣。这份内容认同和情感共鸣得以传播扩散之后，被大多数人认可，形成了信息系统体系，这就是所谓的文化。在展会中，展品与参展者进行了文化信息交流，使得参展者对展品文化具备了一定的认知。当这个认知对参展者产生一定的影响，参展者就会主动与他人分享展会中的展品以及展品所携带的文化内涵，这是展品文化的二次传播[1]。展品文化通过参展者这个媒介进行了再次的信息交流，再次的信息交流产生过程中有可能使得参展者与外界受众发生了共同信念的认同，这种文化认同使得文化得以传播。

在展品文化传播过程中，融媒体这个互联网新产物打破了传统的展会传播方式，实现了展会线上化[2]。通过融媒体线上平台，以新时代科学技术为支撑，通过多种媒体叠加的方式拓展出一条新的传播渠道。融媒体使得展品文化的传播更加便捷高效，实现了主体之间的互通有无。以"6·18"海交会为例，共设立了海创会中心馆、协同创新馆、国企创新馆、金融服务馆、智能创造馆、农林大学馆五大网上展厅。在"6·18"海交会的网上展厅中，运用3D模拟现实的技术，将展厅直接从线下搬到

---

[1] 信息在初次传播后，被受众接受并再次以不同形式或渠道进行传播的过程。它有效扩大了信息的传播范围，增强了信息的影响力，并在多次传播中可能产生新的理解和认知，丰富信息的内涵。

[2] 以互联网为平台，将传统展会转化为线上形式。它突破了地域限制，让参展商与观众随时随地互动，降低了成本，提高了效率。线上化展会还融入了丰富的数字化技术，为参与者带来全新的体验，展现了会展业的创新活力。

了线上，打破了空间和时间的限制。网上展厅使用了文字、图片、视频、音频等多种媒体传播方式，使展品的特点和文化在线上也一览无余，解决了传统展品文化传播的成本与限制，更好地实现了文化传播的方便性与快捷性。以智能创造馆展厅中的中广核展厅为例，其运用了新媒体平台以及 3D 再现技术，实现了全方位场景再现，通过技术将展览从线下搬到了线上，并对展厅进行了精心设计，标注了场景路线。还设置了立体地图，真正实现了线上快捷的意义。

（二）参展商企业文化传播机制

参展商作为展会的三大主体之一，其企业文化也是会展文化的一部分内容。参展商企业将自己的文化要素融入展厅和展品之中，在展会之中进行传播宣传。参展商作为展会的关键主体，本身企业携带的文化内容就是展会包含的一大文化内容，具备着不可忽视的文化内涵。参展商企业文化传播机制如图 2-2 所示。

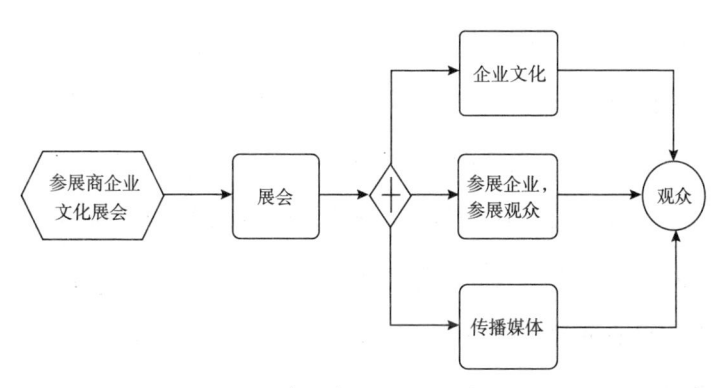

图 2-2 参展商企业文化传播机制

在展会上企业可以通过形象展示、氛围构建、色彩搭配、装饰设计等不同的展现方式表达出企业自身的文化内涵。采取合理的搭配和适合的表现方式，会使企业文化在展览中表现的内涵与企业文化更加贴切，达到企业文化在展会之中的传播效果。

在展会中，参展商企业文化最直观的表现形式就是企业产品展示。企业文化实体结晶是企业产品，企业产品就是企业精神文化的物质载体，企业将自己的文化内涵全都浓缩表现在产品之中。在展览中，展出企业产品就是对企业文化的一种展现形式，多种展现形式构成企业文化在展览中的展示，使得参展商企业文化在展会中得到最大化的传播。

参展商企业文化传播的另一种主要形式是人员传播。展会作为大型的人员聚集地和经济信息交流平台，在展会期间，大量的企业、观众共同在这个有限的空间内进行沟通交流，并且这些人员大多是对于展会感兴趣的有效人员。在展会中，这些人对企业产品和企业展示出的文化形象进行观摩之后，形成了自己的认知。首先是对企业形象的直观感受，然后在展会这个有限的空间内，将会继续进行二次交流传播。企业文化通过直观感受的人员转述给其他人员，或者通过直观感受过的人员之间的相互沟通交流得到再次传播。

借助传播媒体进行传播是展会每个环节中都必不可少的一部分。各式各样的媒体表现形式贯彻落实在展会的每个角落，无论是企业的前期宣传预热，还是展会中的活动高潮展现，传播媒体的作用无处不在。"6·18"海交会之中，兴业证券集团就是一个运用多种传播媒体传播的成功案例。兴业证券集团借助网络平台进行了企业文化的预热宣传，引发了大众对兴业证券集团展馆的浓厚兴趣。在展会活动现场，他们通过视频播放、文字阐述、图片展示等多种多媒体展现形式，进一步提升了企业文化传播的热度。在展会结束后，兴业证券集团再次借助传播媒体进行了企业文化的总结宣传，塑造了一个积极向上、正能量的企业形象。同时，通过网络这个载体，兴业证券集团还实现了与社会人士的实时交流和答疑解惑。这种互动方式不仅有助于提升企业的社会影响力，还能及时收集到参观者的反馈意见和建议，为企业未来的发展提供有价值的参考。

参展商企业文化主要通过产品展出、展会人员交流、传播媒体三方面进行传播，这三个方面相辅相成形成了参展商企业文化传播机制的大体框架。在第十七届"6·18"海交会中，中国中化集团巧妙运用三个主要传播方式，达到企业文化传播的效果，为企业树立了良好的形象，也成为了海交会的一个特色亮点。

（三）展会所在地城市文化传播机制

在塑造城市形象、传播地域文化方面，展会活动一直是一个极其重要的因素。例如，"6·18"海交会就成功地构建了海内外交流合作的桥梁，明确了展会的定位，并确定了展会的核心作用。作为沟通的桥梁，海交会能够直接有效地传播地域文化，进而塑造良好的城市形象。

在研究城市展会活动对城市形象形成的影响过程中，我们发现展会活动在推动城市文化的构建方面具有极其有效的作用，是城市名片的构建者。展会本身是一个大型的媒介，在城市所在地举办，必然吸收当地城市的文化内涵，并在展会中通过再创造和再现，形成具有地域性特色的场景、情感和氛围。因此，展会活动作为城市媒介，具有定位城市内涵、发挥文化价值、影响受众心理接受的重要作用。展会所在地城市文化传播机制如图2-3所示。

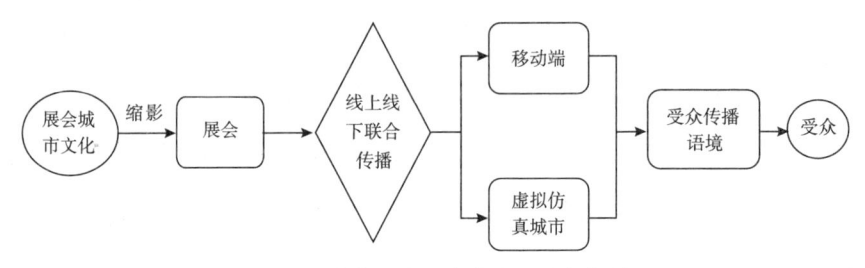

图 2-3 展会所在地城市文化传播机制

在快节奏的城市生活中，公众的信息需求大多是在碎片化时间内满足的，因此移动终端就成为公众首选的传播载体。通过移动终端，大众可以在地域性网络平台上了解福州地域特色文化，并参与本地特色文化建设。同时，也可以将城市文化影视资源投放到移动终端上播放，让更多受众可以感受到城市文化的熏陶。在展会网站上，建立城市文化专题模块是传播城市文化的有效手段。受众可以在展会网站上看到城市文化的相关信息，定制自己感兴趣的内容；展会主办方还可以通过主办网络城市文化节来制造话题引导受众，拓展城市文化传播的广度和深度。此外，邀请展会受众在参展后前往展会所在地亲身感受实地魅力，可以改善城市文化传播效果。线上线下联动传播方式可以从多维度加深受众对展会所在地城市文化的印象，使城市文化在受众传播语境中持续留存。

展会之中，重要的城市文化传播手段是虚拟仿真城市展现，通过将实体城市空间向虚拟网络空间转变形态的方式，采用虚拟现实技术建构三维体验式城市虚拟空间。在"6·18"海交会，福州虚拟城市通过对鼓楼、三坊七巷等进行视景仿真，用立体空间取代传统二维地图，以多感知方式沉浸式诠释福州城市文化信息。在展会中，三种展会所在地城市文化传播手段相互交融，并在不同范围内发挥着平行的作用，构成了展会所在地城市文化传播机制。这种机制使得城市文化能够更有效地传播给受众,加深受众对城市文化的印象,进一步推动城市形象的建设和发展。

二、会展活动文化传播机制存在的问题

分析会展活动文化传播机制存在的问题具有必要性,因为此举有助于我们深入洞察文化传播过程中的不足与挑战,从而为机制的改进与优化提供坚实依据。通过精准识别存在的问题,我们能够更有针对性地提出解决方案,进而提升文化传播的效果与质量。这不仅有助于增强会展活动的文化内涵和吸引力,更能促进不同文化间的有效交流与融合,推动文化多样性的发展以及社会文明的进步。因此,对会展活动文化传播机制存在的问题进行深入分析,无疑是推动会展行业健康发展的重要一环。

(一)会展活动文化传播渠道具有局限性,无法高效实现文化传播

目前的会展文化传播仍停留在简单的展会展出和媒体传播阶段,这限制了会展文化传播的广泛性。实体展会受到时间和地域的限制,受众往往会考虑自身因素,并可能取消参展的意愿。展会通常会有大量人员聚集,这使得每个参展人员难以清晰了解所有想观赏的展品和展品文化内涵。在人员拥挤的空间内,受众更难以体验到展会文化内容。另外,媒体传播通常只选择主办方认为优质的内容进行传播。然而,许多受众更关注细节和特色,而不仅仅是展会的大体内容。停留在这个阶段的会展文化传播渠道过于局限,无法达到现代社会资源流通速度的标准,也不具备时效性。

（二）会展活动文化产业链单一，文化内涵不充分

会展活动文化产业链关联会展活动的主办方与相关方，将所有关联方整合在一起以发挥整体效用。通常，会展活动文化产业链围绕主办方、参展商、专业观众三个主体进行关联构建。然而，这三个主体只能代表展会活动文化主体，这样的产业链不够完善，无法最大化会展活动文化产业链的功效作用。在当前的会展活动中，支持部门尚未融入会展活动文化产业链中，这导致会展活动的支持部门文化被排除在主体文化之外。这种局限于主体的文化虽然具有相对较强的专业性，且资源更充分，但从文化长期发展的角度来看，不利于会展活动文化的发展。如果只发展主体的文化，会使文化发展更加单一，无法支撑会展活动文化的整体构建。因此，为了促进文化的长期发展，应该将支持部门融入会展活动文化产业链中，以实现更全面的文化发展。

（三）会展活动景观化，致使会展活动文化传播停滞

会展活动本身作为一种媒介，促使其景观化塑形[①]。大型展会活动一直受到社会各群体的关注，成为现代传媒平台的焦点。展会是一个巨大的信息传播工具，是现代社会独有的商业活动，推动物与商品之间的交易，促进消费主义和享乐主义的衍生。参展商和主动方不仅将展品用于参观欣赏，还将展会作为实质性的营销平台，旨在宣传产品并促进商品交易。宣传活动无疑是会展活动的重头戏，各种名人助力，媒体宣传造势，但也有一些虚无的内容充斥在会展文化传播中。虽然看似绚丽的宣传，但

---

① 会展活动的景观化，巧妙融合自然与人文，打造别具一格的展示空间。通过艺术化的设计，营造独特的视觉体验，展现地域文化和品牌特色。这不仅提升了会展的观赏性和吸引力，也为参展商和观众提供了更加舒适、富有创意的交流环境。

实际上已经封死了会展活动文化传播原本应有的效果。因此，我们需要寻找新的方法来拓宽会展文化传播的渠道和提高其时效性，以更好地传承和发扬会展活动所蕴含的文化价值。

（四）会展活动文化品牌打造不足，会展业同质化、无序化严重

在我国会展行业快速发展的同时，种种乱象也竞相上演。更有甚者，一些会展"挂羊头卖狗肉"，借会展之名圈钱。[①] 近年来，会展业迅速发展，市场中有大量资本涌入，以抢占会展市场。然而，许多展会并不注重自身的品牌建设，而是以短期盈利为目标，频繁进行价格战，这不仅降低了行业的高度，还阻碍了会展业的发展。加强会展活动文化品牌的打造，不能仅依靠价格战来取得优势。相反，展会本身的文化内涵应该得到重视和加强。如果只强调价格优势，那么展会本身的文化传播效果将无法实现。

在过去的几年中，我国投入了大量资源来推动会展业的发展，会展业不断蓬勃发展。然而，在文化内涵发展方面，我国仍然落后于国际会展强国。这导致会展活动文化品牌的打造不足，会展城市的特色不突出，进而阻碍了会展活动文化的传播。为了改变这种情况，应该加强对会展活动文化品牌的打造，突出会展城市的特色，推动会展业的发展。同时，也应该注重会展活动文化传播的效果，提高文化内涵的发展水平，以实现会展业的可持续发展。

---

① 中国日报网.一些城市展馆利用率不足5%同质化泛滥"杀伤"会展经济[EB/OL].(2018-07-10)[2024-01-10]. https://baijiahao.baidu.com/s?id=1605563931100151531&wfr=spider&for=pc.

三、会展活动文化传播机制的优化对策

通过深入分析现有的文化传播机制，能够发现其中蕴含的改进空间与创新潜力，并据此提出具有针对性的优化对策。实施这些对策，不仅能够显著提升会展活动的文化品质，更能更好地满足参与者的多元化需求。因此，深入剖析并研究会展活动文化传播机制的优化对策，对于推动会展活动的文化交流、提升影响力具有重要意义，同时也是促进会展行业持续健康发展的重要举措。

（一）构建区域式会展交流平台

会展业产业主体广泛，需要消除相关产业的产业边界，加快产业融合，形成新的产业发展形态。利用会展业独特的集聚效应，可以让各产业进行深度的信息和技术交流，把握行业发展动向并不断提高自身技术，进而推动整个产业结构的优化升级。为此，可以围绕文化性服务业打造一批会展项目，将生态民俗、文化旅游相结合，打造会展文化旅游业。

为了提升会展业的创新能力，一要开发好的项目；二要解决跨产业对接的现实问题，为参展商和客户规划好会展期间的行程轨迹，并以多方产业协调为支持；三要提升会展业与其他相关产业的服务品质，以客户为中心，以技术为支撑，丰富服务内容，体现服务特色，提升整体服务水平。会展综合体作为会展业与其他产业的融合圈，应加强信息交流和合作，打造多元化的会展综合体。

会展业可以整合城市资源，形成更加合理的城市布局，构建展会文化交流链。实践表明，开放式的文化发展模式所产生的社会效益和经济效益往往远高于闭合式发展。以重点城市为主导，可以带动其范围内城

市共同发展，推动会展跨界融合，聚焦发展区块会展业，用有限的发展资源创造更高效的会展交流平台。

（二）建设网络会展

打造生态型的线上会展平台，实现线上线下会展双线融合①，抢占线上会展未来发展趋势的战略高地。构建虚拟会展世界，让观众在云展馆中逛展，观赏展品甚至与参展商进行交易。推出会展数据库软件，实时记录观众数据，实现流量监测和展会数据保留。

开辟线上会展新路径，将虚拟现实技术、大数据、云计算、5G等数字技术深度融合，构建网络会展，实现真正意义上的线上会展。通过3D展示、虚拟展示等技术，由大数据自动识别并记录客户浏览动向，再向其推荐展商资料和产品，并基于数字化交互平台进行匹配的服务模式。建立安全可靠的数字会展平台，制定并规范会展数字化管理程序，培养现代化高素质会展人才，建设线上线下结合的数字会展体系。这将为会展业带来更多机遇和发展空间，推动会展业向更高层次、更广领域拓展。

（三）扩展会展活动文化产业链

每个展会应该结合参展企业与展会所在地的实际情况，以展会企业文化为核心，关联产品文化和城市文化，向外辐射相关产业文化，发展文化产业集群，形成成熟的文化产业链体系，并保持高效的文化发展运

---

① 线上线下会展双线融合已成为会展行业发展的新趋势，它巧妙结合了传统线下会展的实体展示优势与线上会展的数字化便利，为参展商和观众带来了前所未有的全新体验。通过双线融合，参展商不仅能够在实体展馆中展示产品，吸引现场观众的目光，还能借助线上平台与全球观众进行实时互动，突破地域限制，扩大影响力。观众则能在线上轻松浏览展会信息，参与讨论交流，同时还能选择线下参观，亲身感受产品的魅力与细节。

行。同时，我们应以展会三大主体文化为主线，其他相关文化为辅助，打造会展活动文化产业链。为了发挥会展活动文化产业的前后关联带动优势，我们应该培育展会所在地城市的特色文化，形成三大产业良性互动、资源合理循环配置的优良文化产业结构。

（四）形成会展活动文化传播体系

在如今大数据的时代背景下，可以通过大数据统计出受众的喜好，从而分析受众对会展的需求，再进行对应的文化品牌宣传。为了更好地与受众进行交流，应该建立展会品牌网站，让受众能第一时间了解到展会相关信息，并开辟展会品牌文化专属模块。同时，利用虚拟现实技术，受众可以身临其境地感受会展活动文化的魅力。虚拟社区可以实现交流对话，建立成员归属感，是网友非常重要的交流平台。

在会展活动文化传播体系中，大数据分析传播作为先行者，多媒体传播作为主战场，展会品牌网站作为分战场，虚拟社区作为内部交流环境，构建起完整的会展活动文化传播体系。通过这样的方式，可以更好地推广会展活动文化，提高受众的参与度和归属感。

（五）会展活动文化品牌塑造

中国会展业的持续发展取决于会展活动文化的健康发展，会展活动文化作为会展业的精神支柱对于会展市场规划发展起着决定性作用。因此，我们需要进行会展活动文化品牌塑造，打造会展业独特的品牌知名度，并避免依附于其他产业文化。塑造会展活动文化品牌需要注重以下几个方面：首先，对会展产品进行分级，以满足不同参展商和观众的需求；其次，注重会展产业集群，发挥产业集聚效应，推动相关产业的发展；最后，加强主体文化与相关文化的关联性，融合各文化之间的优势，以实现最大的效用。

有关组织应积极促进展览集团培养和发展相关文化，带领并监督有关企业发展文化特色，确保市场活力。同时，通过会展活动三大主体文化的先行发展，带动相关文化的发展，相辅相成，共同打造特色会展活动文化品牌。此外，还应促进地区城市与展会之间的联系，推动跨区域联动发展，合并同类展会，向专业化、大型化方向发展。

总之，通过会展活动文化的健康发展，可以推动中国会展业的持续发展。因此，应该重视会展活动文化品牌的塑造和传播，发挥其最大的效用，为会展业的发展注入新的动力。

四、本章小结

"6·18"海交会得到了政府的资源倾斜和政策帮助，逐渐发展成为一个成熟的专业展会，不断展现其独特的文化魅力，并促进了福州城市文化的对外交流。在本章中，以"6·18"海交会为例，推导会展活动文化传播机制，通过文献研究法深入剖析会展活动文化传播机制存在的问题，并推导出相应的优化对策，旨在为会展活动文化传播提供借鉴意义。

通过研究，笔者得出以下结论：第一，为预防突如其来的危机限制文化传播的范围，应该提前构建一个区域式的会展交流平台。这样可以使会展活动文化传播不会陷入被动局面。第二，解决会展活动文化渠道局限性问题，可以通过建设网络会展，实现线上线下会展的双线传播。第三，目前的会展活动文化产业链过于单一，可以通过发挥文化产业关联性、文化集群效应，形成文化产业链体系扩展会展活动文化产业链。

第四，面对会展活动景观化严重，应建设多方面的会展活动文化输出内容，以形成成熟的会展活动文化传播体系。第五，针对会展活动品牌打造不足的问题，应注重会展活动文化产品的分级，通过主体文化带动相关文化的发展，塑造会展活动文化品牌，并促进会展活动文化的对外输出。

第三章　会展活动深化文化融合的机制：以"匠心意蕴"闽台文创周为例[①]

　　会展是一个现代名词，但是会展作为一种活动却由来已久。在国内外人类发展史中，会展活动大量存在于宗教、政治、经济等领域。[②] 随着科学的不断进步和社会商品的逐步丰富，以商品交换和贸易为初衷的会展活动自近代以来取得了长足的发展。如今，大型会展活动所承担的职责已经远超过商品和信息的交换、交流。它成为国家和地区之间展示软、硬实力的平台，文化、创意的交流平台，以及提升国家和地区基础设施建设、产业结构调整的重要契机。近年来，我国快速发展的会展业不仅带来了会展经济的提升，更是促进了城市基础设施的完善，推动了相关产业的发展。[③]"匠心意蕴"闽台文创周（简称为"闽台文创周"）活动自

[①] "匠心意蕴"闽台文创周，由福建省文化和旅游厅主办，福建省闽台文化交流中心、福州市仓山区人民政府等单位承办。旨在深化两岸文创产业交流合作，让民众体验闽台两地特别是来自宝岛台湾精彩的跨界文创艺术之美，同时也让台湾同胞感受祖地文化的魅力与活力，推动两地文创业者共同探索闽台传统工艺的传承与创新之路、两岸文创产业发展的融合之路。
[②] 人民网.会展业的前世今生［EB/OL］.（2015-07-27）［2024-01-10］.http：//media.people.com.cn/n/2015/0727/c397351-27365709.html.
[③] 申强，任泓霖，徐莉莉，等.基于FMEA理论的会展活动环境影响分析［J］.特区经济，2018（7）：144-147.

2016年至今已成功举办八届,多年来,闽台文创周活动以丰富多彩的活动形式和新颖的活动内容,让民众全面了解同根同源、丰富多元的手作与艺术文化。该活动为文创业者、文艺工作者搭建了一个精品展示、技艺互动、交流互鉴的合作交流平台,有力地促进了文化的交流和发展。

近年来,在我国经济、文化等各方面取得了蓬勃发展的背景下,出于加快经济发展、促进文化交流等方面考量,各种各样的大型会展活动纷纷在我国成功举办,并收获了良好的效果。会展活动具有巨大的磁场效应,能够不断地吸引各种资源要素和经济活动聚集到主办城市,给主办城市带来广泛而深刻的社会影响。[①] 同时,成功的会展活动将在活动举办的前、中、后期,通过不同的机制对举办地以及参与者、知情者形成广泛而深远的影响。

闽台文创周活动吸引了专家学者、文创工作者、文创爱好者以及普通民众的积极参与,有效拉动了文化的交流和融合。如何发现并理解文创会展活动对文化交流的影响机制,并有效利用此种机制,扩大会展活动的影响范围,提升会展活动的促进效果,将是未来较长一段时期内的重点问题。

一、闽台文创周深化文化融合的机制现状

闽台文创周作为深化区域文化交流与合作的关键平台,始终致力于推动文化融合与发展。尽管在文化融合机制方面已取得显著成效,但仍需进一步深化合作、完善机制、激发创新活力,以推动区域文化融合与发展迈向更高层次。

---

① 刘民坤,杨小杰.会展活动的磁场效应及其社会影响形成机制研究[J].广西教育学院学报,2018(3):38–45.

（一）闽台文创周深化文化融合情况

通过深入剖析闽台文创周推动文化融合的具体实践和成效，能更好地认识到文化交流与合作在促进区域文化繁荣、增进民众相互理解与认同方面所发挥的重要作用。同时，这也将有助于发掘文化融合过程中的成功经验与不足之处，为未来进一步深化区域文化交流与合作提供有益的借鉴和参考。

1. 闽台文创周活动举办现状

"匠心意蕴"闽台文创周是福建艺术节大型会展活动的重要配套项目，自2016年起至今已成功举办了八届。经过多年的努力，闽台文创周已成为文创业者交流合作的重要平台和知名品牌，该活动在福建省文化和旅游厅和主办当地政府的政策支持下，为文创交流、文化融合提供了有力的支持。

在闽台文创周举办期间，文创业者们带着他们的作品亮相，并举办了一系列活动，包括文创市集、文创产业发展论坛、潮流文化沙龙、手作技艺创作营及分享会、潮流文化展演等。这些活动集中展示了精美的文创设计产品，以丰富的活动形式和新颖的活动内容让民众全面了解同根同源、丰富多元的手作与艺术文化。在文创市集现场，各种文创产品吸引了大家的注意。每个摊点前都挤满了兴致盎然的民众，市集现场热闹非凡。其间还穿插进行潮流文化展演，以"快闪"的方式[①]，聚集街舞、说唱、摇滚乐团等，为现场观众呈现丰富多元的文化艺术视觉体验，增

---

① 一种短暂而有趣的行为艺术，参与者通过网络或其他方式集结，在特定地点和时间，出人意料地统一进行歌舞或其他指定行动，然后迅速散去。这种方式无组织但有纪律，强调即兴与创意。快闪活动以其独特的形式和快速的节奏，吸引了众多人的关注和参与，成为现代都市中一道亮丽的风景线。

加现场气氛。同时，在活动现场，文创专家学者和潮流文化从业者通过论坛与沙龙，畅谈文创产业和潮流文化的现状与未来发展，并就文化市场开拓等问题进行深度交流。此外，为了进一步弘扬和传承非遗文化，还邀请了优秀手作艺人带领青少年开展手作技艺创作营及分享会，让他们充分体验非遗创作的乐趣，深入了解非遗文化。

2. 闽台文创周对文化融合的促进作用

闽台文创周的举办从多个角度促进了文化的融合与发展。自2016年起，闽台文创周作为福建艺术节大型会展活动的重要配套项目，得到了福建省领导的高度重视。在活动现场，领导们会发表重要讲话。从现实意义上来讲，闽台文创周成为祖国向同胞主动发出的友好、和谐共处的强烈信号，为和谐发展、文化融合奠定了基础。

在闽台文创周上，传统文化、艺术的传承者们被邀请到现场展示他们的作品，宣扬传统文化的核心理念。作为中国传统文化的继承者，海内外同胞的传统文化具有天然的互通之处，更易于形成文化认同。通过传统文化的相互认同与理解，可以加速现代文化的融合与发展。

闽台文创周还吸引了大批文化投资者和政府主管部门到场。在这里，一些有创新、有市场潜力的创意和作品将受到投资者的青睐，并在政府主管部门的组织和配合下实现产业化落地。因此，闽台文创周以文化为纽带，以文化产业为起点，从实质上加强了文化融合。

（二）闽台文创周深化文化融合的具体机制

会展活动会通过直接和间接的方式影响文化的传播和交流，闽台文创周在促进文化融合方面也有着自己独特的机制。

1. 文化传承机制

海内外中华同胞文化同根同源，语言相通，习俗相同，特别是在传统文化的传承和发展方面，有着共同的发展历史和发展目标。因此，闽台文创周所包含的项目中，手作技艺创作营及分享会是非常重要的环节。文创业者互相交流、分享非遗文化的同时，会促进与会文创工作者和观众们对同根同源传统文化的追溯和思考，在传承和发扬传统非遗文化的同时，更着重强调了海内外同胞一家的文化传承体系。

祖地文化是连接同胞情感的重要纽带，这些祖地文化在闽台文创周的活动和展位中均有直接和间接的体现，在促进文化传承中发挥了独特作用。

闽台文创周的举办，能够帮助加强、加深在传统文化方面的互补、互助，互补后的祖地文化形成了更具积极性和包容性的文化氛围，并共同反哺中华传统文化，共同努力实现传统文化的升级与传承。闽台文创周促进文化传承的机制如图 3-1 所示。

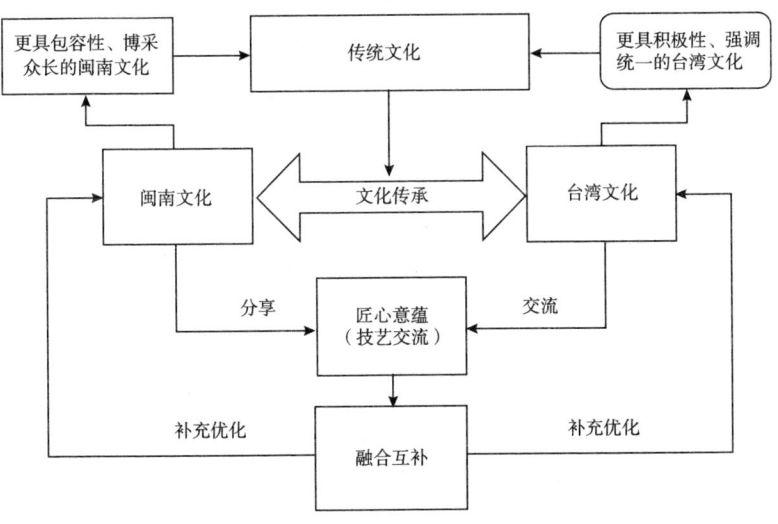

图 3-1 "匠心意蕴"闽台文创周促进文化传承的机制

2. 文化交流机制

可以肯定的是，闽台文创周通过相应的活动内容直接促进了文化交流。作为会展活动，闽台文创周吸引了文创工作者携带最新作品参展，在活动期间，文创业者和参展观众会进行直接的交流和沟通。此外，文化学者和专家们也会通过访谈、对话的形式对文创业的交流和发展进行探讨，从宏观层面为文化以及文创产业的交流与发展指明方向。主办方政府也会从政策层面对文创作品和文创理念加以指导和梳理。

经过多层次的交流，文创业者会在各方交流的基础上优化自身文创产品，并在投资机构的支持下实现文创产业落地，形成良好的产业循环。通过成熟文创产品的输出和流通，闽台文创周在文创产业、社会群众乃至整个中华文化圈内形成了文化交流循环。闽台文创周促进文化交流的机制如图 3-2 所示。

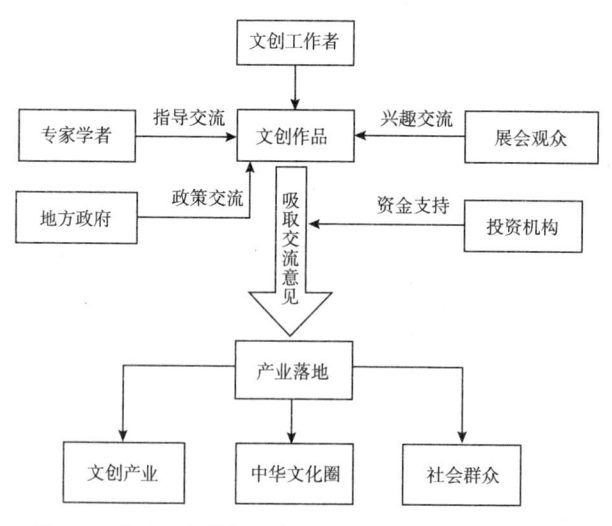

图 3-2 "匠心意蕴"闽台文创周促进文化交流的机制

3. 文化创新机制

活动对文化创新的影响机制是直接与间接并行的。作为以文创为主题的会展活动，对文化的创新和应用是必不可少的。参展文创业者根据自身对文化的理解，结合产品所处的环境和参展者（消费者）的需求，将文化内涵具象到文创产品中去，无形中完成了文化的直接创新。当文创业者携带已完成的文创产品参展后，经过与其他文创业者的沟通，聆听文化专家学者的交流和建议，并获得参展者与消费者对自身文创作品的反馈后，他们会对文创作品进行再创新。在这种机制下，闽台文创周利用间接的形式加快了文化的创新。闽台文创周促进文化创新的机制如图 3-3 所示。

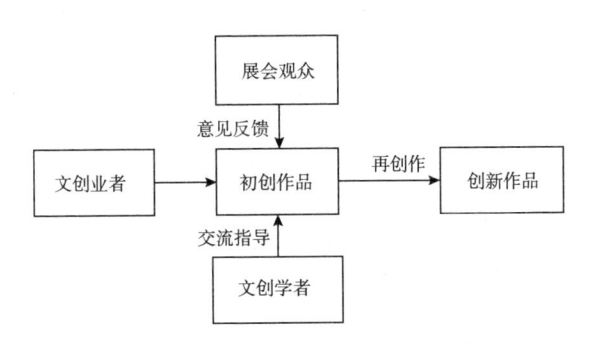

图 3-3　闽台文创周促进文化创新的机制

4. 文化融合机制

文化融合是以本民族的传统文化为基础，根据文化发展的需要主动吸收、消化外来文化，在促进自身发展的同时，形成更加先进、更加广泛的文化内容。从文化融合的历史特征来看，其基本过程将经历"接触—碰撞—整合"三个阶段。

闽台文创周为文化融合提供了接触、碰撞、筛选和整合的良好平台。在这个平台上，双方以中华传统文化为基础，充分吸收、融合文化中的独到、先进内容，最终形成新的、能够符合文化发展需求的融合文化。本活动在为文化融合提供发展平台的同时，也在主办方和所有参与者的共同努力下，对文化发展进行了引导、筛选，使文化的融合更具科学性和适用性。在这样的背景下，文化的融合将促进世界级文创产品和品牌的诞生和发展，进一步促进人文交流及和平局势的维护。闽台文创周促进文化融合的机制如图3-4所示。

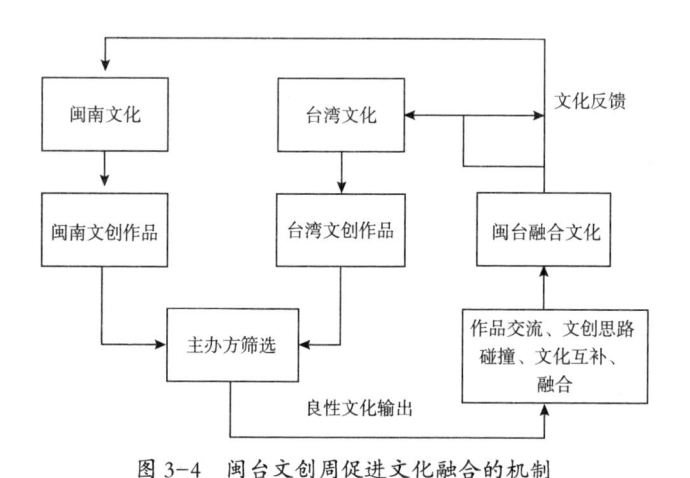

图3-4 闽台文创周促进文化融合的机制

二、闽台文创周深化文化融合机制的不足

闽台文创周以文创交流为主题，带动文创业者进行深度交流，在取得了不俗成绩的同时，也受到活动时间、活动内容等客观条件的限制，在有效促进文化融合方面存在诸多不足之处。本节将对相应的不足之处进行阐述和分析。

（一）活动举办时间短，文化交流触点不足

民族文化融合的首要条件之一便是接触和交流。更多的文化交流和接触将会产生更多的文化融合契机。闽台文创周在内容和形式上为文化交流提供了良好的平台，但因活动时间通常仅有3～7天，导致能够创造的文化交流与接触时间较短，触点明显不足。另外，目前参与本活动的主要人群是文创业者和部分文创爱好者，这些同业人士之间本就存在一定的交流和学习。

文化交流触点不足会导致活动内容及影响力会局限于同业者之间，难以形成有效的社会化延伸，更难将文化交流与融合扩展至社会其他群体。

（二）文创合作意向少，文化创新动力不足

社会实践是文化创新的重要源泉。只有将文化创新产品产业化并创造利益，才能为文化创新提供充足的动力。目前，闽台文创周主要是一个文创业者展示和交流的平台，但在活动期间产生的文创产品相关的订单及合作意向较少。一些有意向投资并发展文创产业的客商也会因为投资机会的不足以及配套产业落地政策不完善而放弃投资。

因此，闽台文创周缺少与之相配套的来自政府、企业和其他机构的重点关注及政策支持。当文化创新缺乏产业化落地时，所谓的文化创新就变成了少数爱好者之间的单纯交流与学习。这种以个人爱好为出发点的创意往往缺少与现实生活及工作的接轨动力，最终可能导致再创意和再创新缺少动力支持和经济支撑，最终阻碍文化创新和文化传承。

(三)文创作品应用场景少,文创活动持续影响力弱

闽台文创周因活动时间和活动内容有限,使得活动能够对文创产业和社会产生的影响时间严重不足。另外,目前的文创产品多停留在观赏层面,在生活中的应用较少,产品的实用性不足。因此,文创产品难以切实融入人们的生活中去,而缺少实际应用的产品很难对人们的生活构成影响,因此就无法形成有效的影响力,更难谈及持续的影响力。

无法通过市场进入人们生活场景的文创作品,会很快在信息爆炸的当下逐渐被人们、被社会所遗忘。由于文创产品缺少社会化应用,闽台文创周历次活动的参与者呕心沥血完成的文化创意作品往往成为"一次性"作品[1],难以对社会、文化形成持续的影响力。

(四)文创产业落地力度弱,文创活动缺少社会向延伸

文创产业的社会化延伸不仅依赖于活动举办期间的热度,还依赖于文创活动所产生的无形和有形产品。此外,通过形成一种独特的文化理念和文化符号,并向贴近人们日常生活的商业体系中渗透,也是实现文创产业社会化延伸的重要途径。例如,近年来比较火爆的文化创意产业、创意商业充分将文化和商业相结合,打造出了一种独特的商业体验空间。

尽管闽台文创周在活动期间产生了一些较有新意的文创产品,促进了参与者之间的文创思想和文化理念的碰撞,但与上述的创意商业相比,它未能形成一种可视、可用、可持续且贴近生活的商业文化输出。由于

---

[1] "一次性"作品以其独特性和不可复制性而备受瞩目。这类作品通常在创作过程中追求即兴与创意,强调即时完成和独特表达。它们可以是绘画、手工艺品,或是其他形式的艺术创作。由于一次性作品的独特性和稀缺性,它们往往具有较高的艺术价值和收藏价值。同时,一次性作品的创作过程也是对艺术家创造力和执行力的极大挑战。

未能实现商业化落地，闽台文创周缺乏将文化理念向社会大众渗透和延伸的渠道，导致活动的文化影响力出现明显的不足。

三、闽台文创周深化文化融合的机制优化对策

经过前文的阐述和分析，可知闽台文创周在加强和促进文化融合方面起到了重要作用，随着会展活动的多次举办，活动的业内影响和社会影响力也在逐渐扩大，但仍存在诸多不足之处，一定程度上限制了活动为促进文化融合所起到的助力作用。对此，笔者将针对本次活动中的不足之处，提出相应的对策和建议，以加强活动对文化融合的促进作用。

（一）扩大文创交流覆盖面，促进文化深入交流

文创产业不同于其他有着大量实物产品的产业，文创产业的交流和沟通重点在于相同和不同文化之间的碰撞与结合，人与人之间、文化与文化之间的接触点越多、越深入，各方之间可能形成的交流与融合机会就越大，因此，需要在条件允许的前提下扩大文创交流的覆盖面。具体举措可以有以下内容。

1.加强多形式对接，培育品牌会展

要增加文化交流的接触点，扩大文创交流的覆盖面，最直接且有效的办法就是提升会展活动的品牌效应，吸引更多的文创业者参展，进而吸引更多的社会人群参观和参与。因此，在举办闽台文创周之前，应积极加强与会展协会、会展城市、会展企业和参展企业的沟通和对接，鼓励更丰富的内容和更多样的形式加入到活动中。通过各方的共同努力，将闽台文创周打造为国家级、世界级的知名展会后，本活动的影响力和覆盖面将实现大范围的提升。在全球范围内，宣扬我国文化界对文化融

合的积极态度与包容理念，鼓励各界学者参与我国的文化建设。

2.提升招商的针对性，推进深入交流

在会展活动的招商方面，要在主题立意清晰的前提下，提升招商工作的针对性。为此，应制订明确的招商计划，有目的地招揽文创业者参加会展。同时，将会展区域按照不同的主题划分区域，以便类似主题和内容的参展者之间进行更深入的沟通。这也能方便有兴趣的参观者和投资者更快速、更有目的性地与参展文创业者进行交流和沟通。最终，应突出会展活动的实效性，避免流于形式，克服针对性不强的问题。有针对性的招商能够充分利用有限的资源，实现经济、文化、社会效益的最大化。通过这种方式，文创参展者可以在活动中获得更多的创意灵感，而普通游客和参与者也可以充分感受到不同文化之间的魅力。

（二）鼓励持续创新，落实文创产业化发展

活动主办方要形成对文创产业实质性的鼓励与支持，就要从文化创新的动力方面着手，从根本上提高文创业者持续创新的动力和积极性。

1.设置创新奖励机制，鼓励积极创新

目前的闽台文创周活动仅仅为文创业者提供了一个展示和交流的平台。除了与会者自发的展示以及特约专家和学者进行相应的探讨之外，活动内容相对有限，对创新的鼓励和激励存在不足。因此，可以在活动举办期间通过线上和线下的方式，邀请专家进行评比，并让观众参与其中，从作品的创意性、创新性和实用性等多方面出发，设置不同的奖项和奖励。这将鼓励参展文创业者积极创新，并力争在评比中取得较好的成绩。在实物奖励的激励下，文化爱好者参与本次活动的初衷将从单纯

的爱好层面升华，积极向主办方重点宣扬的核心文化理念靠拢。在组织者的引导和鼓励下，这将有效加快文化融合与创新的进程。

2.加强文创产业化落地政策配套，落实产业发展

对于文创业者来说，能够将自己的文创作品产业化，将产业化的文创作品变为具有实用功能的文创产品，是激励其积极创新的最强驱动力。因此，文创周应在地方政府和主办单位的组织和引导下，积极引入文创投资企业，鼓励社会资本参与文创产业的投资和产业转化。同时，我们应为在文创周期间达成的合作意向和合作协议实施积极有效的政策引导，并在政府职权之下提供相应的政策补贴，积极加强文创作品产业化落地的配套政策。文创事业的产业化落地能够加大地方第三产业规模，提升地方经济水平，加快产业结构调整。同时，这也能为文化、经济的交流打开一个新的窗口，在产业基础上促进文化融合。

（三）强化文创产品的实用性，延伸活动的传播链

强化文创产品的实用性是推动闽台文创周深化文化融合的关键一环。通过提升文创产品的实用价值，我们不仅能够满足消费者的实际需求，增强产品的市场竞争力，还能更有效地推广和传播文化。此外，延伸活动的传播链同样至关重要，它有助于扩大文化交流与合作的影响范围，深化文化融合的深度和广度。因此，应在注重文创产品实用性的同时，不断延伸活动的传播链，以推动闽台文创周在文化融合方面取得更加显著的成效。

1.打造具有代表性的文创产品

在信息爆炸的现代，任何一个"爆款"或"热搜"话题都可能在经历一段时间后被新的话题和热点所覆盖和淹没。因此，为了强化和延伸

闽台文创周的社会传播链，我们需要借助活动的名义和热度，大力推广具有实用价值的文创产品。例如，北京冬奥会的吉祥物——冰墩墩，即使冬奥会闭幕已两年，但当人们看到以冰墩墩为原型的文创产品时，仍然能够感受到北京冬奥会的热度。这就是实用性文创产品的功能之一。通过推广这样的产品，我们能够延长话题的热度，并进一步促进文化交流和创新。

2.多渠道营销延伸活动传播链

在当前营销环境下，合适的产品需要搭配合理的营销方式和渠道，并借助会展活动各方的力量，共同打造文创品牌。因此，会展主办方应对参与会展的作品和产品进行统一的宣传和管理。对于尚未形成自身品牌体系的产品，我们可以统一以"匠心意蕴"系列文创产品进行线上及线下的宣传和销售。通过实施这一系列的文创产品宣传及推广，我们可以提升活动的知名度，并通过产品销售进一步增强活动的知名度。

（四）鼓励社会全面参与，扩大文化融合的影响力

"匠心意蕴"闽台文创周，作为深化两岸文化交流与合作的重要平台，始终致力于鼓励社会全面参与，以扩大文化融合的影响力。这一举措不仅有助于推动两岸文化产业的繁荣发展，更能增进两岸民众的相互了解和认同。闽台文创周鼓励社会全面参与，不仅是对文化创新和发展的有力支持，更是对文化融合影响力的有力提升。

1.加强线上文创互动

文化的融合与发展不仅是文创业者这一群体的使命和愿景，更是全社会、全民族共同参与并努力的结果。因此，积极鼓励社会其他群体参与文创活动是加快文化融合与发展的必经之路。为此，我们应积极探索

和引导社会全面参与的两个重要路径。在线上方面，可以充分利用VR、3D和区块链技术，建立线上的文创作品展览平台与交流平台。这可以让普通群众足不出户就能切身体验文创作品的独特魅力，更可以通过留言、评论甚至VR的形式直接参与文创作品的改进、创新和创作。通过这些方式，可以让更多人了解和体验文创产业，并激发他们的参与热情和创新精神。

2.打造线下创意商业联合体

在线下方面，可以"匠心意蕴"闽台文创周这一大的品牌ID，打造文化创意商业联合体，将参展文创业者的想法、作品和产品分门别类以现实化和商业化。商品方面要做到有情怀、重设计、高品质，并且能植入本地文化，具备独特的产品造型形式，可爱、可人、实用，有匠心精神；可以将文创内容引入咖啡厅、书店、餐厅等单一业态中，并保持文创内容的持续升级与更新。通过不断创新和更新文创内容，可以让社会参与者始终保持对文创的新鲜感和期待，从而实现引导社会全面参与文创、全面参与文化融合的目标。这样可以激发更多人对文创产业的兴趣和热情，推动文创事业的持续发展。

四、本章小结

文化的交流与融合是当前维护和平的重要议题和关键任务之一。"匠心意蕴"闽台文创周活动作为福州文化节的重要组成部分，吸引了众多文创工作者和文创爱好者的积极参与，为文创业的交流与发展起到了积极的推动作用。然而，通过观察和分析活动的效果，我们发现本活动在促进文化融合方面仍存在一些不足和需要改进之处。为了提出有效的改进措施和建议，我们需要深入了解会展活动在促进文化融合中所起到的作用以及其影响机制。

本章从实际出发,针对本次活动对文化融合的影响机制及存在的不足,从文创交流覆盖面、文创产业创新、文创活动传播链以及鼓励社会全面参与四个角度提出了相应的改进措施。希望这些措施能够有助于"匠心意蕴"闽台文创周提升会展品牌知名度,进一步提高业内和社会的影响力,并加速促进海内外中华文化的融合与发展。

第二篇
会展产业影响机制篇

第四章　会展对城市产业发展的提携机制：以"5·18"海交会为例

会展业作为经济发展的"晴雨表"和城市发展的"助推器"，中国会展业发展带动了旅游、交通、运输、餐饮、住宿等相关服务业发展。会展业也成为中国企业与国际经济合作，推动国内国际双循环发展的重要桥梁，密切了中国与世界各国的经贸交流，推动了区域经济合作的发展进程。[①]

随着全球一体化经济和"一带一路"经济的发展，以及亚投行的成立，我国实现了全方位的发展。这种发展不仅体现在经济发展的大趋势上，也体现在行业进步的各个方面。在此背景下，会展业也得到了快速的发展。会展活动已经成为经济发展的一个新增长点，具有巨大的经济发展潜力，能够在带动行业经济方面发挥重要作用。"5·18"海交会作为扩展海丝合作、深化合作的展会平台，在促进"经贸融合"与"一带一路"建设发展的过程中，带动了福州城市经济加速提升、城市产业结构优化趋向。虽然每一届海交会的举办所带来的收益仅占一成不到，但是大部分的经济收益都辐射到了与行业相关的产业，特别是展会对外交

---

① 陈顺顺.会展经济对城市发展的作用［EB/OL］.（2023-09-18）［2024-01-10］.https://baijiahao.baidu.com/s?id=1777378483381933316&wfr=spider&for=pc.

流产业，同时也促进了会展活动承载的主题行业的经济发展。

"5·18"海交会作为开放包容的会展活动，对于福州市的城市经济增长、城市形象塑造、城市土地规划、提高城市知名度具有巨大的促进作用。此外，海交会还促进福建省以及福州市和海丝一带国家友好交流，共享发展，成为各地区间经济流通、贸易畅通、资金融通以及信息交流的坚实桥梁。它具有促进各地友好关系和多方位流通效益的作用。

由此可见，会展活动是产业经济发展的"助推器"，已经成为城市经济发展中不可忽视的一个环节。会展活动在不断的发展中仍然能够推动产业的发展，而且不仅限于会展行业，而是不断推动城市发展的三大产业，其中存在错综复杂的联动关系以及影响过程。因此，本章试图通过以"5·18"海交会为例探讨会展活动对于城市产业的促进环节及其影响机制。

一、会展活动提携城市产业发展的机制分析

会展活动提携城市产业发展的机制不仅揭示了会展活动对城市产业增长的直接推动作用，还展示了如何通过会展活动带动相关产业的协同发展，进而促进城市产业结构的优化和升级。会展活动是为了城市的产业和经济社会发展而服务，本身又是城市经济产业的重要组成部分，它与其他产业的不同点主要在于它对各个新兴产业的发展运行都能够起到一个推波助澜的效果。

基于"5·18"海交会作为福州市重点发展的会展项目之一，与展会关联的产业具有福州特色并促进开放交流，对于研究城市产业的促进效

应具有代表性。海交会通过前向效应①、后向效应②以及旁侧效应对福州市城市产业增长具有积极的推动作用，促进了城市产业经济增长并进一步形成了紧密的产业链。此外，海交会将产品及产品服务连接到城市产业中的各个产业，使海交会的发展与各个产业的关联更加紧密，提升了产业生产率，促进了产业结构优化的途径，从而推动了福州市城市实体经济的发展。

（一）会展活动提携城市第二产业发展的机制内容

第二产业是会展活动发展的物质基础，会展活动的发展依托第二产业所创造的环境、主题和内容。以"5·18"海交会的规划发展为例，其展会定位为"友好发展、成果共享"，纳入展区规划的产业主要包括绿色特色轻工艺产业，这表明海交会趋向于作为发展平台来推动福州市第二产业以及多方面的发展。

通过图 4-1 的机制分析，可以看到作为贸易交流平台，会展活动的发展需要城市提供场馆、酒店、交通等基础设施，为工业、建筑等行业提供发展机会。会展活动的举办为第二产业的沟通、交流和贸易提供了

---

① 展会的前向效应显著，主要体现在促进商品交易、技术和信息交流以及市场开拓等方面。展会为各方提供了一个交流与合作的平台，推动了资金、技术和产品的流动与合理配置。同时，展会也是前沿思想火花的碰撞地，不同理念的交锋和研究成果的交流，启迪了人们的思想，拓宽了视野，推动了相关产业的发展和进步。因此，展会的前向效应对于经济社会的繁荣与发展具有重要意义。

② 展会的旁侧效应体现在多个方面。首先，它拉动了城市金融、保险、市政建设等相关行业的发展，促进了这些行业采用先进的管理技术和设备。其次，展会加速了行业专业技术人员的培养，提升了整体行业水平。最后，这种影响远远超出了展会活动本身，波及整个城市的社会、经济领域，推动了城市化的进程和现代化观念的普及。因此，展会的旁侧效应对于城市的整体发展具有积极的推动作用。

平台，促进了整个产业的多方贸易。在这样的背景下，产业的供求关系得到了改变，需求增加而供给提升，从而提高了企业的生产积极性。此外，会展活动还具有旁侧效应，能够吸纳资金并进一步促进贸易，提升了整个产业的经济效益。因此，可以看到会展活动对福州市第二产业的发展起到了积极的推动作用。

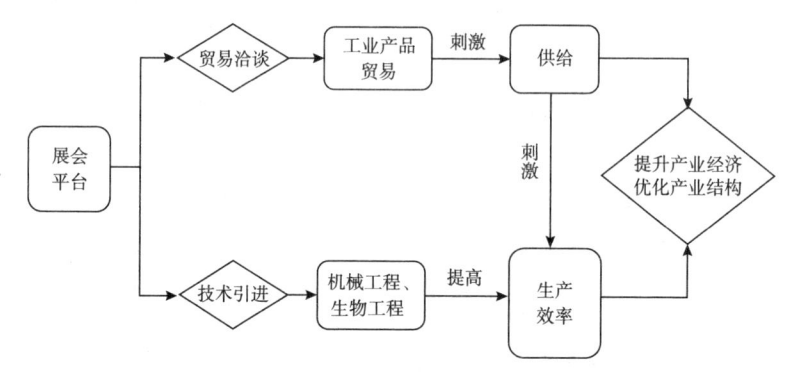

图 4-1　会展活动提携第二产业发展机制

作为技术交流平台，会展活动不仅促进了整个第二产业的经济发展，还推动了第二产业向更高层次发展。会展活动将国际上前沿的新思想、新技术、新设备带到展会现场，展示最新的科技成果，吸引企业和工业部门引进新技术，从而促进产业的发展。

此外，会展活动还促使企业、政府有意识投入资金进行技术研发，增加了技术研发资金。这使得生产要素效率得到提高，生产效率也随之提升。这种发展模式有助于推动第二产业结构向更高层次转变，使第二产业发展位于会展产业链上游，起到了优化产业结构的作用。

（二）会展活动提携城市第三产业发展的机制内容

会展活动对于第三产业的提携有着显著作用，与第三产业的产业关联极为紧密。会展活动对第三产业的主要作用体现在提高产业经济发展、提升产业完整性与紧密性，以及优化产业结构。通过对"5·18"海交会进行分析，可以发现其举办时间规划在福州市的旅游旺季。在展会驱动发展作用中，"5·18"海交会倾向于以知名度来刺激福州市第三产业的发展。通过展会前向效应与旁侧效应，"5·18"海交会促进了福州市第三产业的产业结构升级与产业链紧密。

以"5·18"海交会为实例，通过图4-2的机制分析，我们可以看到会展活动作为需求驱动，举办期间为城市吸引了大量人流。大量人口流入必然产生服务需求，这些需求是多样且复杂的，主要包括餐饮、住宿、旅游、交通、通信等方面的需求。需求的增加促进了城市行业内部的良性竞争，促使行业内部优化和服务质量提升，提高了第三产业的稳定性。

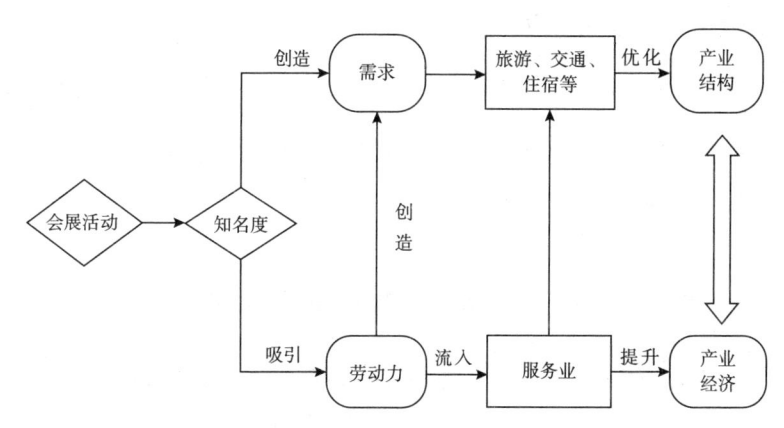

图4-2　会展活动提携第三产业发展机制

此外，需求的多样性也促使行业的服务不局限于单项服务，而是向"一条龙"服务方向发展，更符合市场需求。这种服务模式推动了产业之间的关联发展，提高了产业链的完整性和关联性。除了上述作用外，会展活动还通过多渠道推动第三产业的发展。例如，参展商和观众在展会期间的各种消费行为，如餐饮、住宿、交通等，为第三产业带来了直接的收益。同时，会展活动还通过宣传和推广，提高了城市的知名度和形象，吸引了更多的游客和投资商，进一步推动了第三产业的发展。

作为劳动力驱动，会展活动的知名度与影响力同样是推动第三产业发展的重要因素。展会的知名度吸引各行业优秀企业参与，通过成果展示、经验交流和投资洽谈等途径，辐射区域城市经济发展。随着产业经济的提高，大量外来劳动力涌入第三产业，成为城市经济发展的主力军。

外来劳动力主要流向第三产业，促使生产要素数量增加，推动产业规模扩大。这使得产业逐渐走向产业结构高级化和产业经济规模化发展的过程。通过实现第三产业产业结构与资源结构、需求供给结构、技术发展结构之间的相互适应，产业结构得到进一步优化。因此，会展活动的知名度和影响力对于推动第三产业发展具有积极作用，促进了产业结构的高级化和经济规模的扩大化，实现了产业结构与相关因素的相互适应，优化了产业结构。

二、会展活动提携城市产业发展的机制问题

通过深入研究会展活动提携城市产业发展的机制问题，可以清晰地认识到会展活动对城市产业的具体影响，并揭示会展业与城市产业之间的内在联系和互动模式。这种研究不仅能为城市产业发展提供科学的指导，还能为政府和企业制定相关政策和策略提供有力的依据和支持。

（一）会展活动规划局限性大，平台作用弱化

目前，第二产业在会展活动的促进下，除了受到自身城市产业的影响外，还受会展活动规划局限的制约。会展活动的推动作用无法充分激发整个产业发展的积极性，其产业推动作用受到会展活动的类型、主题、活动等多方面的影响。以2021年"5·18"海交会为例，规划展区主要包括食品、建材、工艺品、新能源汽车等产业。主要辐射行业大多是福建省促进境内外合作发展以及海上丝绸之路的相关产业，然而，一些具有特色的第二产业行业，如橡胶制品、石油原油加工、电气化等，并未被纳入展会规划中。这可能导致产业发展不平衡，使得产业间的关联作用产生反抑制作用。

会展活动作为技术交流平台，"5·18"海交会也与其他会展活动类似，主要以展示成果为主。然而，许多新产品和技术并非由企业自主研发，而是直接接受成果分享，缺乏将技术成果与生产相结合的双向渠道。这常常导致技术与产业之间出现脱节现象。此外，会展活动通常一年一届或一年两届，导致技术更新无法跟上展会开展的节奏，从而削弱了会展活动作为信息平台的作用。

不过，会展活动作为促进贸易平台，确实能够促进大量贸易成交并推动产业发展。然而，大量的订单流入可能会导致区域经济平衡遭到破坏。因此，如何规范会展活动并提升其作为平台的作用是一个重要而艰巨的任务。

（二）会展活动短期效益高，长期效益实现较难

目前，会展活动的举办时间与第三产业的经济效益息息相关。以"5·18"海交会为例，在每年5月18日举办，为期4—5天。这对于旅游、交通、住宿和餐饮等多个行业起到了积极的促进作用。然而，由于展馆的办展次数限制，海交会与其他展会的时间有所重叠，导致在展会淡季期间，这些行业的发展往往较为惨淡。此外，会展活动周边的产业配套设施对其后续发展也具有重要影响。完善的配套设施可以提升参展商和观众的体验，从而促进会展活动的成功举办。这种积极效应也会反过来促进产业的发展。

"5·18"海交会的展会地点为福州海峡国际会展中心。该中心周边配备了四家星级酒店、一个购物商场以及基本的餐饮和娱乐设施，能够满足参会人员的基本需求。然而，会展中心每年举办展会10场次左右，从长期发展的角度来看，会展活动对第三产业的推动作用是短期的。要实现城市产业的长期发展，必须更加注重产业的长期规划和发展策略。

三、会展活动提携城市产业发展的机制问题原因

通过分析原因，可以发现会展活动对城市产业发展的显著推动作用，以及如何通过优化会展活动来更好地促进城市产业的蓬勃发展。这一分析不仅能为城市决策者提供科学的依据，推动城市产业结构的优化和升级，还能为相关企业和行业提供宝贵的指导和支持，进而促进城市经济的整体繁荣。

（一）会展活动提携城市第二产业发展的机制问题原因

我国会展业目前仍处于初级发展阶段，以第二产业为主要发展方向，并形成了适合我国国情的会展业发展模式。会展活动与第二产业紧密相连，相互推动。展会活动的规划方向直接影响会展活动对产业的旁侧效应。以2021年第二十三届"5·18"海交会为例，该展会由国务院与各级政府联合主办，福州市人民政府承办，是一项具有招商性质的活动。其展会规划方向以促进多方友好建交为主。然而，福州市缺乏专业的会展公司和人才参与规划展会，以促进城市产业发展，并在实现友好促进关系的同时发展城市产业。这导致"5·18"海交会难以发挥促进城市产业发展平台的作用。

由此可见，会展活动的策划需要专业的规划和人员。目前，我国对于会展从业人员的行业需求巨大，尤其是高端会展策划人员、高级会务管理人员以及互联网技术专业人员等高端人才非常短缺。同时，会展从业人员的专业知识结构与工作需要之间存在错位，他们的会展专业知识和工作技能还有待增进。因此，缺乏专业会展人员是会展活动旁侧效应的关键问题。

（二）会展活动提携城市第三产业发展的机制问题原因

目前，我国大部分城市在规划展馆时，并未相关产业进行同步规划，导致这类产业错失了发展机遇，同时会展活动的发展也缺乏依托。以"5·18"海交会为例，它主要推介的是"一日游"项目，如福州文化游、福州船政游、闽江夜游等。然而，这种快餐式的旅游模式难以对福州的旅游业产生刺激作用。此外，公交路线的规划也主要集中在福州海峡国际会展中心所在的仓山区，并未开设直达特色旅游、餐饮的公交路线。另外，会展岛上的五星级酒店共有四家，其他酒店距离展馆都具有一定的距离。在海交会期间，周边酒店经常被展会包圆，导致周边酒店爆满的状况出现。

由此可见，福州海峡国际会展中心的规划难以适应会展活动的发展需求。展馆不具备专门的公交规划，交通容易不畅，参展商和观众的观展体验感可能会受到影响。这种情况可能会抑制会展活动的发展，同时也反向抑制了交通的长期发展，导致发展受阻。

此外，通过海交会我们可以深入探讨会展活动与城市软环境之间的关系。城市的许多方面，如社会环境规划、城市会展综合保障能力、政府与人民的会展意识、社会服务水平、社会治安、城市活力等都会影响会展活动对产业发展的长期促进作用。良好的城市软环境是会展活动推动服务产业发展的关键因素之一，它可以直接反映会展活动的社会影响好坏。因此，如何改善展馆配套设施规划并提升城市社会化软实力成为优化促进会展活动提携产业发展的关键。

四、会展活动提携城市产业发展的机制优化对策

研究会展活动促进城市产业发展的机制优化对策，能够为城市决策者提供切实可行的策略和行动方案，从而最大程度地发挥会展活动对城市产业的推动作用。通过对机制进行深入分析，我们能够准确识别现存的问题和不足，并提出针对性的改进措施。这些优化对策不仅有助于提高会展活动的质量和效果，更能促进城市产业结构的优化和升级，进而增强城市产业的核心竞争力。

（一）会展活动提携城市第二产业发展的机制优化对策

为了实现会展活动的可持续发展，需要不断有专业人员加入，优化会展人才结构。同样，会展活动推动城市产业发展也需要人才的推动。因此，应引进高端专业人才加入会展业发展规划中，提升对会展策划人、会展服务人以及专业技术人才的引进；通过专业化信息管理，实现人才"引进来，走出去"，提升会展人才的整体能力。此外，还需要不定期进行会展专业培训，主要针对会展策划、设计、服务、技术、创新等方面进行培训；提升从业人员专业技能，转变思想观念，与国际会展接轨。除了培训专业人员，还应提升会展专业教育水平。建设专业人才培养项目，重点支持会展学科教学梯队建设，推动企业与学校间的"产教结合"；争取在重点大学开办会展专业、与世界一流会展教育学院交流学习，建设国际会展研学院。这样能为会展活动的长期规划与发展提供专业的会展人才支持。

（二）会展活动提携城市第三产业发展的机制优化对策

第一，提升城市美誉度。城市美誉度是会展活动提携城市产业发展长期效益的关键，提升城市自然环境与社会环境刻不容缓。改善自然环境促使城市环境达到"净、畅、美"等，做好垃圾处理、环卫保洁、交通建设、绿化美化等市容环境建设工作，并推进城市管理的数字化。此外，构建良好的社会环境同样重要，包括加快市容的科学管理、加强法治建设与法治宣传、提升市民思想素质与文化素质、坚持以人为本的管理思想、开发独具特色的人文环境与城市管理等。这些措施能够提升城市的美誉度，进而促进会展活动的长期效益。

第二，完善配套设施。基础设施规模齐全与优质的展馆硬件设施是举办会展活动的基础，也是促进城市会展业持续发展的基石。随着人们对于会展业的认识提升以及会展业的不断发展，许多城市陈旧的展馆已经不能够满足当前会展活动的需求，逐渐被搁置淘汰，这造成了城市发展空间的浪费。因此，在建设展览馆时，需要有前瞻性和规划性，不仅要满足当下的会展活动需求，还要保留预留土地，以便将来扩建展馆规模。

除了展馆用地，现代化的展览馆也是促进会展业提携城市产业发展的关键。建设室内展厅还要有各种会议商务场所、停车场、车站、酒店、娱乐餐饮设施等。同时，现代信息技术的应用和展馆融合也是不可或缺的。智能化系统不断改变着会展活动的举办形式，出现了网络办展等新型展览活动。因此，在展览馆建设中应配备高智能化的网络系统、多媒体设施等，提升展馆的高级化和规模化，同时方便展商和观众的信息通信需求。这样能够提升展馆的便利性和吸引力，进一步促进会展活动的发展和城市产业的提升。

五、本章小结

在全球经济日益一体化以及中国经济快速发展的背景下，各界对于会展业的发展都给予了高度关注。会展业不仅是朝阳产业，还是促进产业关系串联的重要纽带。近年来，会展活动的举办成为了学者们普遍关注和研究的热点话题。

本章在前人已有相关领域研究成果的基础上，以"5·18"海交会为主要研究对象，通过大量案例分析研究了海交会活动对于城市产业持续发展的促进作用及其提携机制。研究结果表明，会展活动对城市产业发展具有积极的提携作用。它不仅可以促进城市产业经济的提升，而且能够优化城市产业结构。

然而，目前会展活动的发展仍处于初级阶段，一些不成熟的条件导致会展活动机制的发挥受到一定的限制。通过实例分析，发现了机制不畅的原因。为了进一步推动会展活动提携城市产业发展的进程，笔者提出了相应的机制优化对策。通过实施这些优化对策，期望能够更好地发挥会展活动对城市产业发展的提携作用，推动会展业的持续发展，为城市经济的繁荣做出更大的贡献。

第五章　会展深化优势产业融合发展的机制：以"5·18"海交会为例

近年来，我国会展业蓬勃发展，随着新技术的应用以及对外开放的加速逐渐渗透到各个行业。会展产业正逐渐成为国民经济的重要组成部分，具有较强的带动能力和引领作用，相关统计数据显示，会展业对城市地区经济的投入产出比为1∶6、间接投产比达1∶9，是区域经济发展的重要加速器和助推器。[1]

"5·18"海交会是福建开展海内外经贸交流的重要平台和对外经贸政策先行先试的重要窗口，是与海内外各地区间经济流通、贸易畅通、资金融通以及信息交流的坚实桥梁，具有促进海内外各地友好关系和多方位流通效益的作用。

由此可见，会展活动是促进经济发展与地区交流方面不可忽视的环节，但是其影响机制复杂多样，因此，本章试图通过"5·18"海交会这一实例，探讨会展活动对于产业融合发展的影响机制。

---

[1] 南方 Plus. 会展湾畔，"超级联系人"加速生长［EB/OL］.（2023-05-29）［2024-01-10］. https://baijiahao.baidu.com/s?id=1767195807472982595&wfr=spider&for=pc.

一、"5·18"海交会深化优势产业融合发展的具体机制

"5·18"海交会至今已举办了二十四届,内容涵盖经贸合作、区域协作、商品交易、项目招商、经贸研讨、文化交流等。海交会的发展历程伴随着福建经济社会的发展和福建经济区建设进程,走过了一条循序、稳健、务实的持续提升之路。

"5·18"海交会可以扩大海内外优势产业贸易往来,进而深化优势产业技术互补,推动优势产业结构升级,最终促进优势产业深度融合(见图5-1)。通过促进优势产业深度融合可以带动其他相关产业合作发展,营造良好的海内外产业融合环境,为推进融合发展夯实基础。

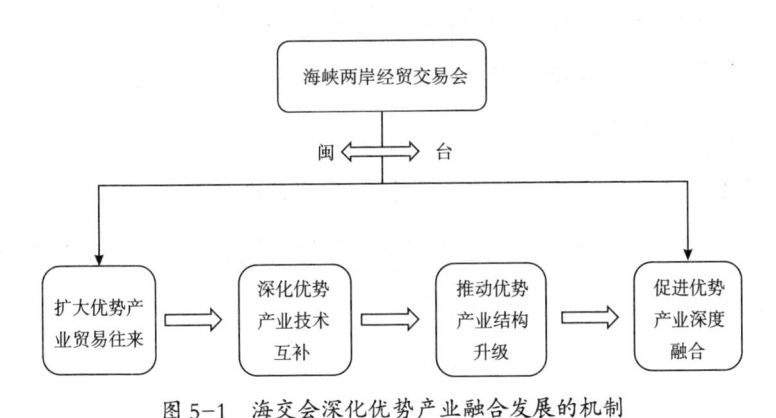

图 5-1 海交会深化优势产业融合发展的机制

(一)"5·18"海交会扩大优势产业贸易往来

会展活动的本质是平台,根据平台经济理论,平台是一个真实或虚拟的空间,用来引导或促进两个或更多客户之间的交易,其核心是联

结、架桥或媒合，平台经济通过双边市场效应[①]和平台集群效应发挥作用，平台中众多参与者根据不同分工为平台运转贡献力量。[②]

第一，"5·18"海交会是一个广阔的展示交流平台（见图5-2），参展的众多不同领域的福建、台湾和外资企业都可以在交易会中宣传品牌和产品。通过宣传推广产品、品牌和服务，企业可以吸引更多的目标客户和合作伙伴，促成贸易合作。贸易合作可以扩大企业在对方市场的影响力和市场份额，同时也可以加强优势产业对接。总体来说，我国福建省和发达国家的产业发展层次存在较大落差，但互补性较强。产业发展状况的差异性导致了比较优势的存在，激发了各方通过产业对接合作获得比较利益的内在动能。例如，在初级农产品产业方面，福建的初级农产品价格较低，具有竞争力，但农产品的加工率和加工层次都偏低。而发达国家农业的生产效率高，农产品加工、运销能力强，但劳动力成本高，导致农产品价格高，对出口不利，尤其是在初级农产品领域。那么通过海交会这一平台搭桥、联结，海内外的初级农产品产业将很好地结合比较优势，实现产业的良好对接。

---

① 在会展平台上，参展商与观众之间形成相互促进、共同发展的正向效应。参展商通过展示产品、技术和服务，吸引观众的关注和需求，进而推动销售和业务拓展；而观众则通过参观展会，了解行业动态、获取市场信息，进而促进个人或组织的成长与发展。
② 陈正康，邸嘉禹. 会展业促进双循环新发展格局构建的作用机理研究［J］. 商业经济研究，2023（3）：167–172.

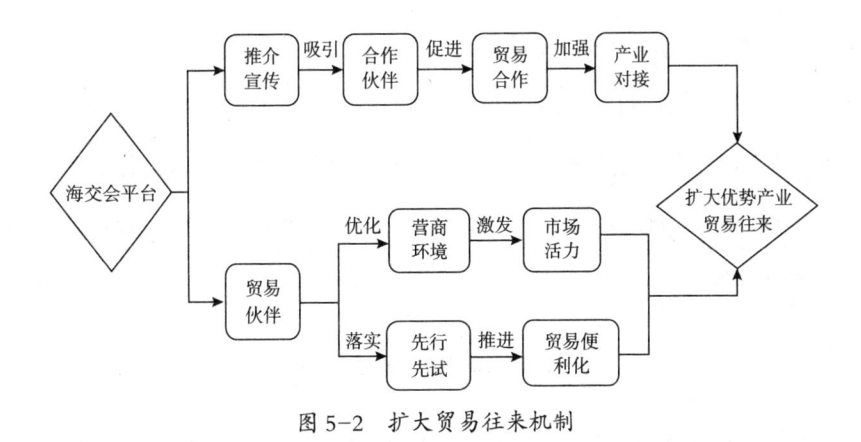

第五章　会展深化优势产业融合发展的机制：以"5·18"海交会为例

图 5-2　扩大贸易往来机制

第二，"5·18"海交会本质上是一个广阔的贸易平台。作为商业拓展和贸易对接的平台，展会活动无疑是最能凝聚各界力量的存在。一方面，展会活动可以将产业发展成果集中展示，集聚各方资源与各类企业。通过平台的媒合作用，地方资源与企业需求将会相互撮合、精准对接，促进招商引资。同时，展会活动的举办可以促进政企交流、深化政企合作，契合会展业利好政策，完善企业服务规范，切实展现亲商、暖商办展环境。推动优化营商环境、贸易环境，推动贸易自由化、便利化。激发市场活力、提振市场信心、增强企业内生动力，促进经济高质量发展。另一方面，展会活动可以发挥福建对外经贸交流政策先行先试的窗口作用。多年来，海交会连续成功举办，是海内外人员来往和经贸交流日益热络的缩影。通过落实对外先行先试的相关政策，将会推进贸易更加便利化，推动探索创新贸易机制。例如，推动福建自贸试验区建设，精细耕作交流合作试验田，探索融合发展新路径。

总之，"5·18"海交会是一个非常重要的平台，可以通过推介宣传吸引合作伙伴，促进合作，加强优势产业对接。同时，也可以发挥贸易平台的作用，优化营商环境，激发市场活力。此外，海交会还可以推进落实福建对外经贸交流的先行先试政策，推进贸易更加便利化，扩大优势产业贸易往来。例如，我国福建省和东南亚地区在地理、历史、文化等方面具有许多共同点和优势，双方经贸合作的潜力巨大，在这种背景下，海交会可以通过扩大优势产业贸易往来，促进经济互利合作，推动经济融合发展。

（二）"5·18"海交会深化优势产业技术互补

我国福建省和发达国家之间在某些领域各自拥有独特的技术和技能，这为双方技术互补提供了广阔的空间。例如，福建的现代纺织产业是省内规模最先超过万亿元的产业，其经济规模近年来稳居全国前列。通过优势产业技术互补，将带动产业融合发展。海交会主要可以通过技术、人才、产品三个方面的链条促进优势产业的技术互补和协同发展（见图5-3）。

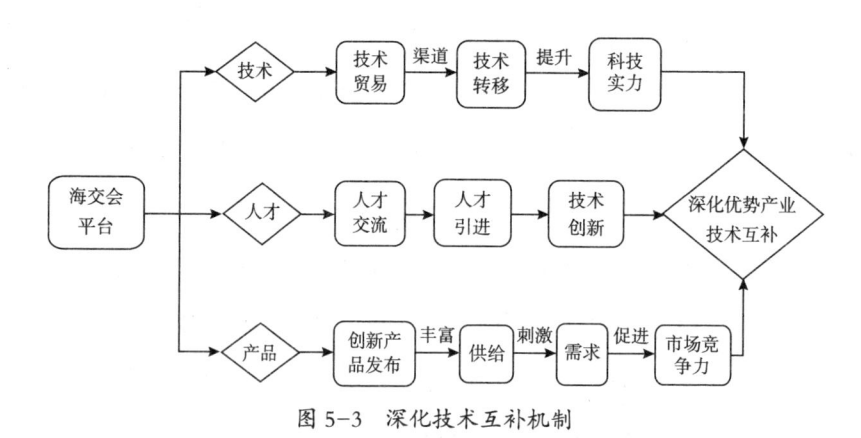

图 5-3 深化技术互补机制

在技术方面，海交会为海内外企业提供了技术贸易的平台。技术贸易是以技术知识作为交易对象的贸易活动，其基本方式主要有：专利许可贸易、专有技术许可或转让、技术咨询、特许经营、合资生产、合作生产及成套设备买卖。技术贸易是当前技术转移的最主要形式，通过技术贸易渠道，可以促进优势产业技术转移。企业在展会交流中寻找到合适的技术贸易伙伴，再进一步对目标市场进行调研、评估，制订合理科学的技术转移计划。技术转移与技术培训相辅相成，引进先进技术之后，必定要实现对应的技术和知识的传递与学习，推动相应的技术培训。在此过程中，会带动相关企业和机构进行技术改造和创新，提升科技实力，从而起到产业技术互补的效应。

在人才方面，海交会为海内外人才提供了一个面对面交流的机会，各个行业可以通过邀请专业人士、学者、研究机构等进行技术交流，了解到行业前沿的技术和企业最新动态。通过深入交流，企业可以吸纳具有相关技术背景和创新潜力的人才，制订战略规划，引进所需技术人才。引进的人才可以为企业补充技术短板、带来新的思维方式、催生更多的创新想法，从而促进企业的技术创新和提升。

在产品方面，海交会可以展示行业相关的创新成果，集聚展示创新产品。创新产品的亮相意味着市场供给方面不断丰富，丰富且具有创新的供给会吸引消费群体的目光，从而刺激市场需求，催生消费动力，激发市场活力，也会增强企业、行业发展的内生动力，促进产品与服务提质增效，推动生产技术进步与创新。

海交会可以通过技术、人才、产品三个方面深化福建、台湾和海外优势产业技术互补，深化优势产业合作，为企业和经济发展带来更多机遇和发展空间。

(三)"5·18"海交会推动优势产业结构升级

会展业对产业结构优化升级有促进作用,在产业结构高级化方面,会展业对产业结构高级化的影响主要体现在与特定产业协同发展、拉动相关产业发展、分工专业化、产品及价值链升级等。在产业结构合理化方面,会展业提高了与特定产业、相关产业的协调程度,优化资源配置效率。[①] 海交会主要可以通过产业链、价值链、客户链三个方面融合升级推动优势产业结构升级优化(见图 5-4)。

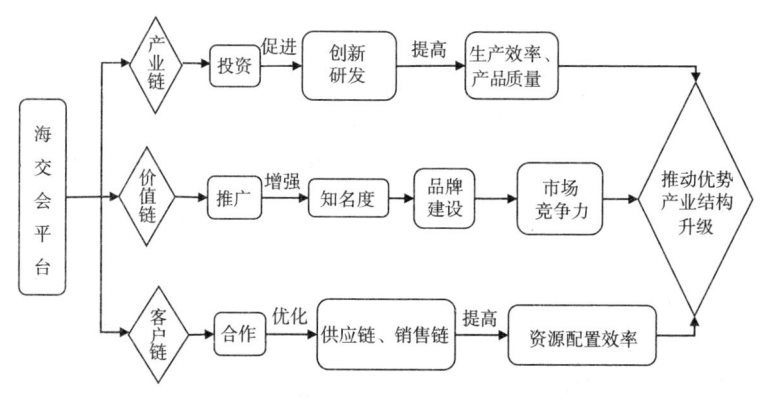

图 5-4 推动产业结构升级机制

第一,在产业链融合升级方面。通过海交会的平台架桥、联结作用,福建和外来企业之间会扩大贸易往来、促进相互投资。贸易往来和投资会推动资源整合,推动资金、技术等资源优化配置。企业拥有资金和技术等相应资源后,可以进一步优化生产链,推动产业的技术创新和产品研发,促进创新创业和科技成果转化。通过改进生产工艺,可以提高产品质量与生产效率,实现生产链的融合升级和优化,推动优势产业结构

---

① 陈正康,邱嘉禹.会展业促进双循环新发展格局构建的作用机理研究[J].商业经济研究,2023(3):167-172.

升级，促进双方优势产业共同发展。

第二，在价值链融合升级方面。福建省和外来企业可以借助海交会平台宣传推广优势产业的创新技术和创新产品。通过展示交流和宣传推广，企业能够提升其在市场上的知名度，进一步开拓市场，吸引更多潜在合作伙伴。知名度的提升和合作范围的扩大将推动企业品牌建设和品牌形象塑造，从而增强产业竞争力和提升产品附加值。品牌效应的提升将有助于企业增强市场竞争力，进而推动企业价值链的升级和优化，助力优势产业结构升级。

第三，在客户链融合升级方面。来自各个不同行业的企业可以在海交会上进行深入交流，建立大量的客户关系，并拓展新的客户群体。随着客户数量的增加和市场份额的扩大，企业将不断优化和进步，为保持和增长经济效益而努力提高客户满意度和忠诚度。同时，不同优势产业的企业之间强强联合，可以推动市场供应链和销售链的升级优化，提高资源配置效率，推动高质量发展。通过客户链的融合和升级，可以带动产业结构的优化和升级。

总之，海交会可以通过促进企业产业链、价值链、客户链三个方面融合升级，推动优势产业结构升级。

（四）"5·18"海交会促进优势产业深度融合

"5·18"海交会促进优势产业深度融合机制，是指通过展会平台的联动，可以进一步加强优势产业合作，推动双方形成网络状产业链和价值链的一体化发展，以及产学研的协同发展。通过产业链、价值链和创新链的深度发展，形成区域一体化经济协同发展的格局，进而促进产业的深度融合发展（见图5-5）。

图 5-5　促进产业深度融合机制

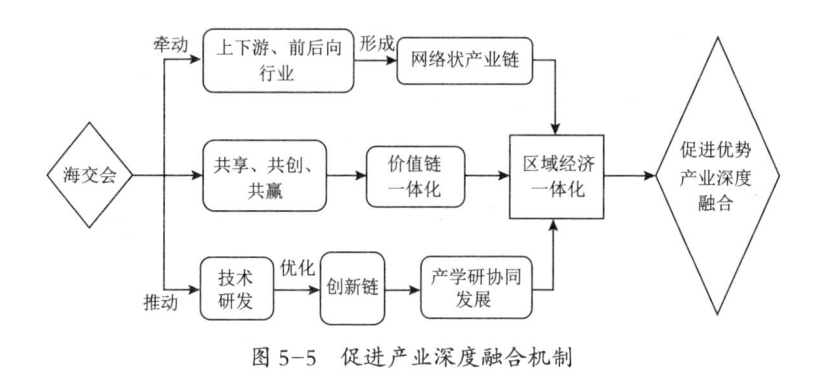

由于会展产业具有很强的空间集聚性特点，其产生的产业链延伸和扩展效应主要是以某一会展活动作为核心，以会展产业运营商作为主轴来牵动一定地域范围内的上下游和前后向的相关行业的参与和支持，最终形成一种带有会展产业特质的网络状产业链运营机制。[①] 以海交会作为核心，可以带动优势产业相关上下游、前后向行业交叉、融合，形成网络状产业链，优化产业分工，实现资源共享、互利共赢，促进区域经济一体化发展。

"5·18"海交会促进共享、共创、共赢。共享是指展会汇聚各方资源，参展企业共享各行业各领域前沿发展成果。共创是指以大数据和移动互联网为基础，以共同的认同感和价值观为驱动，高效地组织协作，提升价值创造的协同性和高效性。共赢是指参展企业相互帮助、建立合作关系，实现互利共赢。共享、共创、共赢可以推动行业价值链的一体化发展，促进区域经济的协同发展。

"5·18"海交会可以推动技术研发，优化创新链，形成以企业为主导，产业、学校、研究机构为核心的协同创新模式。这种模式集研究、

---

① 许忠伟，严泽美. 会展业对地区经济影响的研究述评［J］. 旅游论坛，2016，9（6）：1-9.

开发、生产于一体，实现了产学研的协同发展。例如，士兴钢铁与福州大学土木建筑设计院合作，共同研发出新型钢架结构技术。这种产学研一体化可以深化区域一体化发展，并促进产业的深度融合。

海交会可以促进区域内网络状产业链形成，推动行业价值链一体化发展，优化创新链，促进产学研协同发展，从而推动区域经济一体化，促进产业深度融合，共同发展。

二、"5·18"海交会深化优势产业融合机制存在的问题

分析现存问题不仅有助于深入了解融合机制的运行状况，更能揭示潜在的风险和挑战。通过深入研究这些问题，可以提出有针对性的改进措施，从而优化融合机制，进一步提升海交会与优势产业的协同效应。这不仅能够促进海交会更为有效地服务于优势产业的发展，为相关企业和行业创造更多的商业机会和价值，还能推动产业的持续繁荣与创新。

同时，在全球化和经济一体化深入推进的大背景下，研究这些问题也能够更好地应对外部环境的变化，提升海交会在国际舞台上的竞争力和影响力。因此，应该以问题为导向，深入研究并解决融合机制中存在的问题，以推动海交会与优势产业的深度融合，实现共同发展。

（一）"5·18"海交会扩大优势产业贸易往来存在的问题

第一，展会平台局限性，机制效应发挥不充分。"5·18"海交会具有展会活动的时间限制性，每年只举办一届，每届展会持续时间只有4～5天。在这短短几天的时间里，参展企业无法全面展示合作伙伴，也难以深入了解对方市场和行业。这可能导致企业错失一些潜在的合作者，产生行业信息差和信息不对称的影响。

虽然"5·18"海交会提供了现场展示宣传的平台，但展会的传播效果难以持久。展会结束后，许多展品和信息无法持续展示和传递，导致协同效应无法达到持久效果。对扩大优势产业贸易往来的长期影响不够显著。

第二，产业对接中存在税收差异问题，打击合作积极性。我国福建省与境外地区的现行税制存在较大差异，具体规定上有所不同。在税种名称、税率和征收方式上均存在差异。关于企业所得税，中国与境外多数国家均采用属人主义和属地主义[①]的双重税收管辖权进行征收。在个人所得税方面，中国仍然采用属人主义和属地主义的双重税收管辖权进行征税，而其他国家则多采用属地原则。

税收制度差异对海交会发挥其影响力造成了不利影响，导致产业对接出现阻碍。首先，税收制度差异可能导致重复征税的问题。由于福建省是按照中国统一税制进行管理的，这导致一些纳税人在福建和境外两地都要纳税，从而产生了重复征税的问题。其次，由于福建难以享受到境外地区的税收优惠，外商投资福建企业时可能会担心利润汇回境外会面临高额税收。这会导致外商对福建企业投资时产生一定的顾虑，打击境内外企业之间的合作积极性，不利于优势产业扩大贸易往来。

---

① 属人主义是一种以个人为中心的价值观，强调个人的自由、权利和利益。这种观念认为，个人的幸福和利益是至高无上的，个人有权追求自己的幸福，并且应当受到尊重和保护。而属地主义则是一种法律原则，指法律适用于该国管辖地区内的所有人，不论是否为本国公民，都受法律约束和保护。它体现了国家主权原则和法律适用的普遍性。两者在社会和个人层面各自发挥作用，共同维护社会秩序和公平正义。

(二)"5·18"海交会深化优势产业技术互补存在的问题

第一,知识产权保护合作不完善,影响技术转移运行。近年来,随着外商向我国申请专利数量的增长,境内外知识产权纠纷也相应增加。由于境内外制度存在一定差异,缺乏有效的知识产权信息共享机制,以及执法机构之间交流存在限制等因素,仍存在对科技创新成果保护不足、执法力度不严及知识产权诉讼成本过高等问题。海交会在深化产业技术互补过程中也未充分重视知识产权保护问题。这可能导致技术拥有者或专利持有者无法从其技术开发应用中获得足够的回报,从而削弱技术创新的动力,影响技术交易的动机,并可能打击进行技术转移的信心。这会阻碍技术转移的正常进行,不利于海交会发挥深化优势产业技术互补的作用。

第二,技术转移外溢效应不显著,企业难以产生技术突破。外商在闽投资多以独资形式出现,为了获得超额利润,外资企业竭力避免核心技术在当地过快外溢,在合资企业中,外方往往对其技术进行严格封锁,许多主要领域的核心技术和高精尖技术仅仅掌握在外方研发人员手中。有学者对福建本地50家企业进行调查发现,外方的技术改造与创新仅与外方母公司发生纵向联系,而不与福建同行业发生横向联系,问卷调查的结果显示,57.5%的企业认为外资企业对当地企业生产力的影响程度为一般;只有2.1%的企业认为"强"或"很强"。[1]可见海交会深化产业技

---

[1] 林志达,林子华.闽台高科技产业互补合作:双赢分析与机制创新[J].全国商情(理论研究),2011(5):9-11.

术互补过程中外资企业并没有产生显著的技术溢出效应[①],福建当地企业并没有真正从外资企业中吸收到先进的技术,很难产生技术突破。

同时,福建企业的技术吸收消化能力不足、自主创新能力不强,这也导致产业技术互补过程中技术转移的外溢成效减弱。

(三)"5·18"海交会推动优势产业结构升级存在的问题

一方面,产业链融合升级存在潜在冲击,削弱产业关键要素联系。长期以来,福建的产业链深度嵌入以欧美发达经济体为主导的全球产业链中,具有"两头在外"、局限于中低端加工出口的典型特征。其核心主导环节,如关键原材料和零部件、技术标准、品牌乃至终端消费市场,主要掌握在以西方国家为主的发达经济体手中。国际的竞争可能长期持续,可能进一步削弱境内外产业合作与市场、技术等关键要素的联系,甚至可能导致合作双方产业链局部重构,[②]这样的潜在冲击会影响海交会推动产业结构升级。境外地区当局持续阻碍进行产业合作,借机推动产业链"脱钩",对部分产业进行重点管制、对人才流动进行管控,限制中国企业投资境外地区,强阻经济的融合。参展人才受到管控、投资被限制,会导致海交会难以发挥影响作用。

另一方面,福建高科技产业竞争力不足,价值链陷入低端锁定的困

---

① 技术溢出效应指的是某项技术或产品在其自身领域之外,甚至在不相关领域中产生了价值。这种现象在科技发达国家尤为显著,是推动技术领先的重要原因。它不仅促进了技术的广泛传播和应用,还带动了相关产业和领域的创新与发展。技术溢出效应为发展中国家提供了学习和模仿先进技术的机会,推动了全球技术的共同进步。
② 吴凤娇. 深化闽台产业融合发展的路径探析[J]. 现代台湾研究,2021(4):46-51.

境。价值链低端锁定①的现象在高科技产业融合发展方面有所体现。福建省在科技创新的研发投入上仍显不足。据福建省统计局统计，2020年福建研发投入占GDP比重为1.92%，低于全国平均水平2.5%。当前，随着5G、物联网、人工智能等新一轮技术革命和国内新经济的快速发展，高科技产业交流与合作已成为推动多方经济关系发展的新动能，正由要素驱动向创新驱动加快转变。然而，福建省的高科技产业竞争力不足，产业配套能力不强与研发能力弱会导致产业结构升级陷入瓶颈。这会减弱高科技产业融合发展的内在动力，不利于海交会发挥推动优势产业结构升级的影响作用。

（四）"5·18"海交会促进优势产业深度融合存在的问题

海交会产业合作机制滞后，产业融合内生动力不足。区域间的产业合作主要依赖于市场对资源的配置能力和由市场主导的经济合作，但制度的激励作用同样重要。然而，当前境内外产业合作机制的构建相对滞后，海交会中缺乏产业合作机制的创新，这可能导致在产业融合发展过程中内生动能不足。

福建对境外区位优势减弱，对外商吸引力不足。福建省与国内其他省份相比，具有较大的对外经贸往来的区位优势，但近年来，这一传统优势逐渐减弱。首先，随着国内其他省市纷纷出台对外招商引资的优惠政策，福建对外产业合作的政策优势有所弱化。其次，福建在软环境建

---

① 价值链低端锁定是指企业或国家在全球价值链分工中，因技术、品牌等核心竞争力的不足，被局限在生产、加工、组装等低附加值环节，难以向高附加值环节跃升的现象。这种锁定状态使企业或国家在全球竞争中处于被动地位，利润和效益受到制约，难以实现可持续发展。因此，打破价值链低端锁定、提升核心竞争力，成为企业和国家在全球化背景下亟待解决的重大问题。

设方面存在不足，城市之间缺乏有效的产业互动与协作机制。此外，福建省的产业集群发展水平较低，工业基础相对落后。在经济总量、产业结构及其配套能力等方面，与其他几个沿海省份相比存在一定差距。这在一定程度上制约了产业集群的形成，对外商的吸引力也相应减弱。这种情况会减少境内外企业的对接与合作机会，不利于海交会发挥促进境内外产业融合发展的影响作用。

三、"5·18"海交会深化优势产业融合发展的机制优化对策

通过深入分析当前融合机制的问题和不足，能够更加精准地提出优化对策，进而改善海交会与优势产业之间的融合效果。实施这些对策不仅能够提升海交会的影响力和吸引力，更能推动优势产业的转型升级和创新发展，从而实现区域经济的更加繁荣和可持续发展。这样的努力不仅有助于提升海交会在国际舞台上的地位，也能为地方经济的长远发展注入新的活力。

（一）扩大优势产业贸易往来优化对策

第一，利用互联网以及举办跟进活动，增强平台长效机制[①]。一方面，可以加强对互联网的利用，提高海交会平台的灵活性和覆盖范围。具体而言，可以开发网络平台，利用各种社交媒体软件发布参展企业的信息，并设置企业间的沟通渠道。这样可以使境内外企业之间进行更深入的交流和合作，而不仅仅局限于线下展会期间的短暂交流。同时，通过多渠

---

① 平台长效机制是指为确保平台稳定运行并发挥预期功能，所建立的一套长期有效、稳定规范的制度体系。这一机制包括规范的运作流程、稳定的监管措施以及持续的优化更新，旨在实现平台的可持续发展和提升用户体验。

道发布信息，可以给潜在合作者更多了解相关企业的机会。另一方面，可以举办相应的产业融合跟进活动。例如，可以在商业区进行招商活动，在工业园举办招展活动，以及组织企业协会主题活动等。这些活动可以提高展会的传播效果和持续影响力，同时也有助于增强海交会促进境内外产业融合发展的长效机制作用。

第二，完善相关税收优惠政策，增强企业贸易往来信心。建议参照一些现有的相关政策，对在福建投资、开办企业、创业的外商给予相应的财政补贴。同时，应发挥福建的对外优势，创新推出一些专门面向外企的税收政策。特别是对于那些在福建有长期投资历史的资深"老"外企，应该加大关怀与扶持力度，它们将成为对外宣传的重要窗口。

第三，重视税收政策在产业调节中的作用。可以加大对优势产业和特色产业，如高科技产业和农业的支持力度。对于需要优先发展、重点发展的产业，应给予更多的鼓励和优惠。通过完善相关的税收优惠政策，可以增强企业进行贸易往来的信心，推动企业之间的融合发展。

（二）深化优势产业技术互补优化对策

第一，深化知识产权保护，推动技术转移运行。首先，应深化知识产权共同保护合作，确保执行标准的统一，并对违法侵权行为予以重罚，加大技术专利的保护力度。其次，可以建立申请知识产权保护的快速通道，增强知识产权纠纷的处理与应对能力。同时，应对技术转移操作制定详细规范的执行标准。通过完善知识产权共同保护机制，激发技术创新热情，增强技术交易的信心，推动技术转移机制的正常运行。

第二，多方面增强技术转移外溢效应，促进企业技术突破。首先，可以推动建立技术创新的中心平台，促进企业之间以及合资企业内部的技术共享与交流，减少技术被封锁的现象。其次，要加强培养技术转移专业化人才，尤其是熟悉经济发展、精通管理、金融和技术综合型技术人才。通过人才共同参与项目，可以加强技术交流与融合。最后，福建本地企业应加强自主创新和技术研发能力。这不仅可以提高在与境外优势产业合作中的技术消化吸收能力，还可以带动自身产业结构优化升级。通过增强技术转移外溢效应，有利于企业更好地利用技术资源实现技术升级突破，并促进双方企业进一步进行技术创新，推动产业融合升级发展。

（三）推动优势产业结构升级优化对策

第一，融入双循环新发展格局，形成产业融合发展新模式。应融入双循环新发展格局，探索优势产业融合发展新模式，把握好新发展格局的契机，利用好中国庞大的内需市场，将自身代工优势深度嵌入由本地企业主导的生产网络，逐步形成以中国内需市场为依托，由境内外企业掌握产业链核心环节，逐步摆脱对欧美发达国家的技术依赖，在中国内需市场拥有品牌和销售终端渠道以及自主研发创新能力的区域产业链分工体系。[①]

第二，创新福建高科技产业扶持方式，引导价值链稳步提升。一方面，应创新福建高科技产业的金融扶持方式，适当增加研发投入，以支持福建高科技产业的发展，为高科技产业的融合奠定坚实基础。另一方

---

① 吴凤娇. 深化闽台产业融合发展的路径探析［J］. 现代台湾研究，2021（4）：46-51.

面，应探索构建合作创新链，推动由低端协作配套向高端开发转变。通过创新链带动产业链融合升级，激发高科技产业融合发展的内在动力。同时，应拓展科技产业合作领域，引导产业价值链稳步提升，促进价值链融合升级。这将进一步推动产业结构升级，深化融合发展。

（四）促进优势产业深度融合优化对策

首先，创新产业合作方式，增强产业融合动能。可以发挥福建自贸试验区、平潭综合实验区等改革创新试点地区的作用，进一步探索对外投资准入、货物贸易便利化等政策措施。同时，可以创新产业合作方式，推动各方企业积极通过交叉持股、项目共同开发等方式开展专业化分工，促进企业向研发创新、国际市场开拓和品牌构建等高附加值环节转变，实现全链条合作。[1]

其次，完善招商引资政策，进一步优化营商环境。福建应完善对外招商引资政策机制，提高招商引资的层次和水平，优化营商环境，推进产业招商。通过利用大企业、大项目吸引中小企业聚集，可以推动扩大重点产业和优势产业的规模。同时，应加强软环境建设，建立城市间有效的产业互动与协作机制。鼓励各地市之间开展分工合作与资源整合，以加强区域一体化融合发展。此外，福建还应加快形成产业集群，完善区域产业网络生产体系，提升产业集群的核心竞争力。这将进一步推动区域经济一体化，深化产业融合发展。

---

[1] 吴凤娇. 深化闽台产业融合发展的路径探析[J]. 现代台湾研究，2021（4）：46-51.

四、本章小结

会展活动是经贸交流的重要平台和经贸政策先行先试的重要窗口，是各地区间经济流通、贸易畅通、资金融通以及信息交流的坚实桥梁，具有促进各地友好关系和多方位流通效益的作用。"5·18"海交会作为会展活动平台在深化两岸融合发展中发挥着重要的作用。本章在前人学者对福建与境外产业融合发展研究的基础上，通过归纳分析得出海交会深化优势产业融合发展的机制，分别是扩大优势产业贸易往来机制、深化优势产业技术互补机制、推动优势产业结构升级机制、促进优势产业深度融合机制，同时，通过相关文献与资料研究分析导致机制不畅通的问题，从而提出相对应的机制优化对策。

第六章　会展深化农业融合发展的机制：以农花博会为例

1999年以来，漳州市连续每年11月18日承办海峡两岸花卉博览会，开创了两岸花卉直接交流的先河。海峡两岸农博会·花博会（简称"农花博会"）是福建对外的重要农业交流平台之一，已经成功举办多届，通过农花博会，可以促进闽商文化交流，增进世界农业领域的企业机构之间的相互了解，在此背景下，研究农花博会对农业交流合作所产生的影响机制，对农业合作的发展走向、存在问题与风险进行分析，可以提高合作效益与生产水平，为推动农业发展提供有益参考。

一、农花博会深化农业融合发展的机制现状

通过对农花博会与农业融合发展机制的深入研究，能够全面了解当前农业融合发展的实际状况，包括融合程度、模式以及效果等方面。这不仅有助于我们准确把握农业融合发展的现状和趋势，更能发现存在的问题和不足，为进一步推动农业融合发展提供坚实的科学依据。同时，这样的研究还能为政府和企业制定相关政策和策略提供有力支持，推动农业产业结构的优化和升级，促进农业与二三产业的深度融合，最终实现农业现代化的目标。

（一）农花博会情况介绍

1.规模和参展情况

2005年，花博会定名为"第七届海峡两岸（福建漳州）花卉博览会暨农业合作洽谈会"。合作范围由原来的花卉产业拓展至整个农业领域，增设农业合作成果展。采取线上线下共同办展，展出商品涵盖粮食、蔬菜、水果、花卉、中药材等多个品类，农花博会开展了包括产业对接、项目签约、农业科技、农村旅游等一系列活动。2023年，农花博会规模效应明显，总面积达6万平方米，吸引了来自海峡两岸的1500多家企业参展，展示了包括高附加值农业生产、农产品加工制造以及农业供应链等多元业态。同时，也吸引了2300多家采购商前来洽谈交流，为参展企业与采购商之间搭建了互动合作的桥梁。据统计，截至2023年年底，累计1.8万多家企业参展，签订购销订单超过294亿元，签约投资项目446亿美元，参观参展人数超过900万人次。[①]

2.经济和社会影响

在经济影响方面，农花博会为海内外众多农业、花卉及其相关企业提供了一个产品展示、推广品牌的交流平台。一方面，举办农花博会需要大量的人力、物力、资金等资源投入，这些资源的投入带动了当地的餐饮、住宿、交通等服务行业的发展，拉动了相关产业的产值。另一方面，农花博会促进了多方经济交流，作为农业交流的重要平台，为区域经济交流合作注入了新的活力。

在社会影响方面，从农业发展的角度来看，农花博会的举办需要大

---

① 福建日报.春华秋实二十余载！来看农博会·花博会的"前世今生"[EB/OL].（2023-11-30）[2024-01-10].https://www.fjdaily.com/app/content/2023-11/30/content_2204690.html.

量的人力资源，为当地增加了就业机会，促进了国内外人民的交流与互动，有助于增进相互了解。在办展期间，境内外农业企业通过了解对方的产品、市场需求和技术交流，实现了互利共赢，提升了农业的竞争力与发展水平。此外，农花博会还可以引进发达地区先进的种植技术，如无土栽培、微生物肥料、生物防治等。另外，农花博会为参与国农产品提供展示和推广平台，促进了农产品的贸易流通。在展会期间，企业可以建立起更加紧密的贸易合作关系，促进多方经济发展。此外，农花博会还有助于推进福建农产品的标准化和品牌建设，提升其农产品在国际市场上的竞争力。

总之，农花博会不仅拉近了各国人民的距离，推动了经济发展，也为产业的升级与提升提供了更多的机会和空间。

3. 展会举办的意义

农花博会作为一项旨在促进交流合作、推动农业、林业、花卉产业发展的大型综合性展览。其举办促进了各方之间的交流与合作，为经济交流和技术合作搭建了重要平台。大量海外企业参展，互相交流、合作，增进了人民之间的相互了解和友谊。同时，农花博会为企业提供了一个拓展市场、开拓业务的机会，有助于增强经济的互补性和竞争力。

农花博会还推动了农业、林业、花卉产业的发展。展览会上展示的先进农业、林业和花卉种植技术和设备、农产品和花卉品种等信息，为福建提供了了解和学习先进技术的机会，从而推动当地农业、林业和花卉产业的发展。此外，展会中还展示了一些具有环保性质的农业、林业、花卉产品和技术，增强了人们的环保意识，推动了可持续发展。

农花博会的举办具有重要的意义，它促进了多方交流合作、推动了农业、林业、花卉产业的发展。我们应该高度重视这一展会,并持续推动其发展,为经济交流和可持续发展做出积极贡献。

(二)农花博会深化农业融合发展的具体机制

1. 技术合作与交流机制

农花博会具有技术合作与交流机制(如图6-1所示)。农花博会提供技术交流平台,为福建省和境外地区的农业科研机构、高等院校、企业等提供了更多的合作机会。双方可以共同研发新的农业技术和产品,分享农业信息和经验,提高生产效率和质量。同时,通过技术合作和交流,双方农业产业能够共同应对气候变化、环境污染等共同面临的挑战。

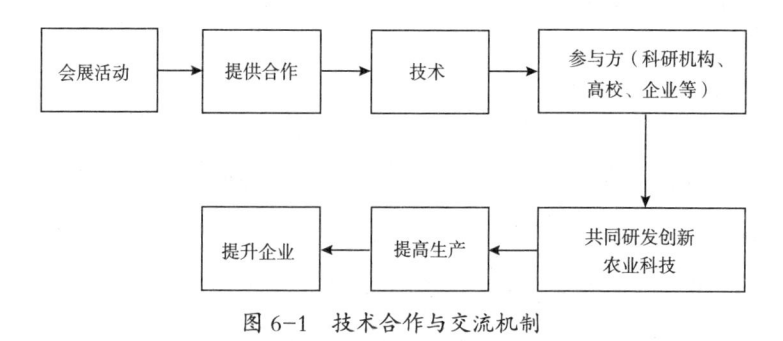

图6-1 技术合作与交流机制

技术合作与交流机制对于境内外农业融合发展具有重要意义。双方可以通过技术合作,共同研发新的农业技术和产品,如新型肥料、高效节水灌溉技术、病虫害综合防控等。通过技术交流,双方可以了解到对方的农业产业现状、市场需求、科研成果等,互相借鉴和学习,进一步推进农业产业的升级和转型。此外,技术合作和交流还有助于加强农业科技创新的能力,提升企业的核心竞争力,为双方的农业产业带来更多的商业机会和发展空间。

2. 资源共享与流通机制

农花博会具有资源共享与流通机制（如图6-2所示）。在农花博会上，参与双方的农业企业、机构、研究所等可以通过交流、合作、洽谈等形式共享资源。这种机制的实施可以实现农业资源的最优配置，提高资源利用率，降低资源浪费。此外，资源共享机制还可以促进技术创新和产业升级，推动双方农业产业的发展。

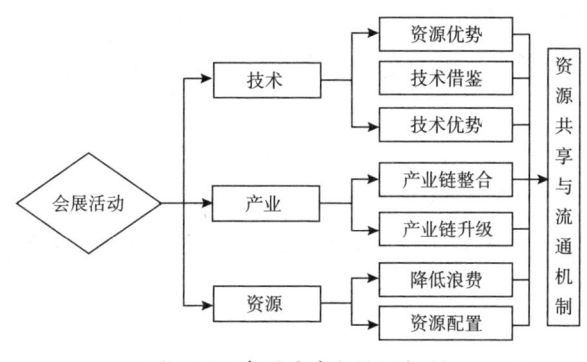

图6-2 资源共享与流通机制

一方面，资源共享机制有助于促进双方农业技术和知识的交流。境内外地区有着丰富的农业资源和技术，可以通过交流和合作互相借鉴经验和技术，提升自身的技术水平。例如，境外发达地区在高科技农业、绿色农业等方面具有一定的优势，可以将这些经验和技术带给闽南地区，帮助当地农业产业提高生产效率和质量。同时，闽南地区也可以将自身的经验和技术分享给境外地区，帮助其农业产业发展，实现资源优势互补、技术优势互补。

另一方面，资源共享机制可以促进农产品的互换和贸易。通过双方农产品的交流和展示，可以增进了解和认识，促进农产品贸易合作。例如，境外地区的水果、茶叶等产品在农花博会上展示，吸引了中国消费者的关注和购买，从而促进了农产品的交流和贸易。同时，闽南地区的龙眼、火龙果等特色产品也可以通过这种机制走出国门，进入海外市场，扩大自身的知名度和市场份额。

此外，资源共享机制还可以促进产业链的整合和升级。通过合作共享资源，双方企业可以建立起更加完善的产业链，实现资源优势互补，进一步提升产业链的附加值。例如，在农花博会上，东南亚的农业企业可以与闽南地区的种植、加工、销售企业进行对接，建立起更加完善的农业产业链，实现从原料种植到产品销售的全过程控制，提高产品的品质和附加值。

3. 人才培养与交流机制

农花博会可以促进福建省和境外地区的人才培养和交流（如图 6-3 所示）。双方可以共同举办农业科技研讨会、技术培训班等活动，让农业从业人员共同学习、交流和成长。通过人才交流，双方的农业产业可以得到新的血液，促进农业技术的革新和升级，提高整体竞争力。交流机制的建立有助于加强农业人才交流和合作。通过双方之间的交流，可以促进人才的流动和合作，提升人才的整体素质和能力。双方可以在人才培训、科研团队建设、专业技术交流等方面展开合作，共同提高农业人才的整体水平。此外，随着参与各方经济的不断发展和交流，农业产业中的创新和创业越来越受到关注，加强农业人才交流和合作也有助于促进创新和创业的发展，进一步提高农业产业的整体水平和竞争力。

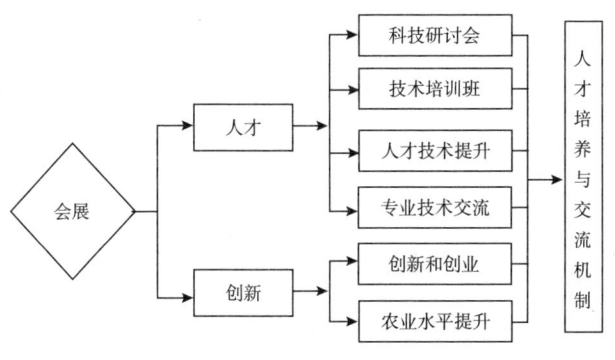

图 6-3 人才培养与交流机制

二、农花博会深化农业融合发展的机制问题

（一）交流机制问题

农花博会作为促进境内外农业融合发展的重要交流平台，其交流机制存在一些问题。

第一，信息交流渠道不通畅。尽管有官方渠道，如会议、研讨会等，但信息传递仍然存在一些不畅的情况。这是由于缺乏有效的信息传递机制和技术手段，以及双方在信息共享方面存在的一些制度性和文化性差异导致的。这种不畅的信息交流渠道，使得双方难以全面了解彼此的农业发展现状、技术成果、市场需求等情况，进而制约了农业合作的深入开展。

第二，合作机制不健全，双方合作机制不够完善。虽然农业交流合作已经开展多年，但在机制上仍然存在很大的差距。双方的合作机制不够规范、标准化，合作的项目缺乏可持续性，缺乏长远的战略规划，这导致在双方农业合作中的风险难以控制，效果也不理想。

第三，法律法规标准不一致。在人才交流、科技合作、市场开拓等方面，农业合作的机制也需要更多的探索和完善。双方的法律法规和标准不一致，给农业交流合作带来了困难。

第四，交流渠道不平衡。由于历史、地理、经济等因素的影响，农业交流合作中存在交流渠道不平衡的问题，包括信息资源不对称、人才流动不平衡、市场需求差异等方面。这些因素导致交流合作的成果不平衡，限制了农业合作的深入开展。

（二）参展机制问题

农花博会是境内外重要的农业交流合作平台，也是农业合作的重要桥梁。然而，当前的参展机制存在一些问题，这些问题不仅影响了农花博会的顺利进行，也制约了农业融合发展的进程。具体问题如下。

第一，参展机制不合理，存在不公平的问题。由于各种因素的影响，一些优质农产品或企业难以进入到参展名单中，而一些低质量、没有技术含量的产品却能够轻易地参展。这种不公平现象不仅影响了参展企业的积极性，也影响了农花博会的专业性和权威性。

第二，参展机制流程复杂，且缺乏标准化。在申请参展时，参展企业需要填写各种表格和材料，并进行审核。但是，由于流程烦琐、审核时间长，往往会影响到企业的正常运营。而且，缺乏标准化也导致了参展机制的灵活性不够，无法满足不同企业的需求。

第三，参展机制不透明。由于信息传递不畅，很多企业对参展的相关信息并不了解。而一些信息来源又不够权威，使得企业很难正确地了解到参展的具体要求和流程，从而影响了参展的积极性和效果。

第四，参展机制针对性不足。由于农业产业的复杂性和多样性，不同的企业或产品所面临的问题也各不相同，但目前的参展机制并没有很好地针对这些不同的问题制定出相应的解决方案。这使得参展企业很难得到有效的帮助和支持。

三、农花博会深化农业融合发展的机制优化对策

通过对现有机制进行深入的分析与评估，能够更精确地识别出农业融合发展遇到的瓶颈和障碍，进而提出具有针对性的优化建议。实施这些对策，不仅能够提升农花博会的品牌影响力和市场竞争力，更能有效推动农业产业实现高质量发展，从而为农村经济的繁荣和可持续发展注入新的动力与活力。

（一）如何发挥政府引领作用与政策支持

1. 制定政策和法规，为产业发展提供法律保障

政策和法规是政府实施农业融合发展战略的基础和保障。政府采取制定相关政策和法规，引导和规范农花博会深化农业融合发展。具体主要包括在以下几个方面：一是通过加大财政资金投入力度，制定资金扶持政策，这些资金可以用于展览、宣传、推广、培训等方面，以提高农业企业和农民的生产能力与市场竞争力，支持农花博会深化农业融合发展。二是制定优惠税收政策，可以包括减免税、退税、税收补贴等，以降低农业企业和农民的经营成本，减轻农业企业和农民的负担，促进其发展。三是为农花博会提供政策和法规保障，明确其组织形式、管理模式、经营权益和责任义务等方面的法律地位。四是加强知识产权保护，如加强知识产权的登记、保护和维权，鼓励技术创新和知识产权转化，

建立健全知识产权法律制度，鼓励技术创新和知识产权转化，提高农业企业和农民的技术水平和市场竞争力。五是制定人才引进政策，加强与海内外知名高校和科研机构的合作，吸引海内外优秀的农业专家、学者和企业家来农花博会参展、洽谈和合作。六是建立健全评估机制，负责对政策实施的效果进行评估，并及时向政府和社会公布评估结果。制定评估标准和方法，确保评估结果客观、科学、准确。根据评估结果，及时调整和完善政策，以提高政策的针对性和实效性。同时，将评估结果作为政策制定和调整的重要参考依据，确保政策的科学性和可行性，为政策的调整和完善提供参考。

政府通过以上措施，可以更好地发挥引领作用和政策支持作用，促进农花博会深化农业融合发展。

2.优化资源配置，加快产业发展速度

资源配置是实现农花博会深化农业融合发展的关键。高效的资源利用效率和资源配置的灵活性，能够为农花博会深化农业融合发展提供有力保障。政府可以通过优化资源配置，促进资源的高效利用和合理配置，具体措施如下。一是加强对农业资源的调查研究，全面掌握农花博会所需的资源，如土地、水源、人力资源等，为其提供全方位的保障。二是建立资源共享机制，实现资源的共享和互补。政府可以通过平台建设、信息共享等方式，实现不同区域、不同企业之间资源的共享，提高资源的利用效率。三是加强投融资体系建设，优化资金配置结构。政府可以通过设立专项资金、发行优惠债券等方式，引导社会资本向农业领域投入资金，扩大农花博会的规模和影响力。四是优化产业结构，推动产业协同发展。政府可以通过政策引导和产业布局等方式，促进农花博会相关产业的协同发展,实现产业链和产业集群的优化配置。五是加强科技支撑,提高资源利用效率。政府可以通过技术研发和推广应用等方式,提高农业生产技术水平和资源利用效率,促进农花博会的可持续发展。

3. 支持技术创新和人才培养,提供充足的人才资源供给

技术创新与人才培养是推动农花博会深化农业融合发展的关键支撑。为确保这两项工作的有效实施,政府应采取一系列措施,全方位地支持技术创新与人才培养工作。

政府应大幅度增加对农业科技研发的投入,将更多的资源用于提高农业生产技术水平。这包括出台一系列优惠政策,鼓励高校、科研机构和企业等积极参与农业科技创新,推动产学研深度融合。通过这样的方式,不仅可以提升农花博会的科技含量,还能增强其在国内外市场的竞争力。

政府应高度重视农业人才的培养与引进。通过设立专门的奖学金、提供系统的培训机会,政府可以吸引更多优秀的青年人才投身于农业领域,为农花博会的发展注入新鲜血液。同时,政府还应加强对现有农业从业人员的培训和教育,提升他们的专业素养和技能水平,使他们能够更好地适应农业融合发展的需求。

政府应积极推动建立技术创新和人才培养的合作平台。这些平台可以促进企业、高校和科研机构之间的紧密合作,实现资源共享和优势互补。通过加强产学研合作,可以推动农业科技创新成果的转化和应用,为农花博会的持续发展提供强有力的技术支撑和人才保障。

通过以上措施的实施,政府可以更好地支持技术创新和人才培养,提高农花博会的创新能力和核心竞争力,为实现深化农业融合发展提供有力支持。

（二）如何更好地发挥民间农业协会作用

1. 加强民间农业协会组织能力，推进农业产业的高质量发展

从农花博会深化农业融合发展的影响机制优化对策视角下出发，如何充分发挥民间农业协会的作用，可以采用以下措施：一是加强农产品市场营销。民间农业协会可以通过组织农产品展销会、农产品品牌推广等方式，推广优质农产品，提高农产品市场占有率和竞争力，为农业融合发展提供市场支持。二是加强协会组织能力。民间农业协会可以通过提升协会领导人员的管理水平、加强协会成员之间的交流与合作、拓展协会资源渠道等方式，加强组织建设和管理，提高协会的凝聚力和执行力。三是深化农业合作交流。民间农业协会可以通过组织农业专业人士进行交流、建立农业合作交流平台等方式，加强农业交流，推动农业融合发展。四是强化政策宣传和倡导。民间农业协会可以通过宣传政策、倡导绿色种植、环保生产等方式，推动农业绿色发展，提高农业可持续发展水平。

民间农业协会在农花博会深化农业融合发展中发挥着重要的作用。通过加强科技创新、市场营销、组织能力、农业合作交流以及政策宣传和倡导，可以更好地发挥民间农业协会的作用，为农业融合发展提供更多的支持和保障。

2. 推进农业科技创新，提高农业生产效率

农业科技是推动现代农业发展的关键因素。因此，推进农业科技创新也是加强民间农业协会作用的重要方面。民间农业协会可以在农业科技创新方面发挥重要作用。具体来说，协会可以在以下几个方面提供支持和帮助。

第一，提供项目申报和评审支持。民间农业协会可以帮助农民申请相关的科技项目，协助农民进行项目的前期调研和论证。通过参与项目评审，协会可以为农民提供专业的建议和指导，提高项目的质量和可行性。

第二，筹措资金和提供资金支持。民间农业协会可以通过多种渠道筹措资金，为农民的科技项目提供资金支持。协会可以与政府、企业和其他组织合作，争取更多的资金资源，为农民的科技创新提供有力的经济保障。

第三，组织开展农业科技创新实践活动。民间农业协会可以组织开展农业科技创新示范、科技人才培训等活动，为农民提供实践机会和学习平台。通过这些活动，协会可以帮助农民提升科技创新能力和技术水平，促进科技成果转化和推广。

第四，建立农业科技信息服务平台。民间农业协会可以建立农业科技信息服务平台，加强农业科技信息的收集和传播。通过官方网站、微信公众号等方式，协会可以向农民和相关人员传递农业科技前沿信息，提高农民对科技创新的认识和认可度。

综上所述，民间农业协会在推进农业科技创新方面具有不可替代的作用，可以通过提供项目支持、筹措资金、组织实践活动和建立信息服务平台等方式发挥其作用。这些措施将有助于推动现代农业的发展，提升农民的科技素养和技术水平，促进科技成果的转化和应用。

3. 加强农产品市场营销，提高产品附加价值

农花博会的成功举办无疑为农业融合发展搭建了重要的平台，并提供了宝贵的机会。然而，同时也暴露出农产品市场营销方面的诸多短板。

为了进一步优化农花博会在推动农业融合发展中的效能，提升农产品的市场竞争力和附加值，其需要从多个维度进行深度优化。

第一，加强市场调研与分析是提升农产品营销效果的基础。深入了解目标市场的需求和消费者的喜好，有助于更精准地定位产品，并制定出更加科学有效的营销策略。为此，应积极借助市场调研机构的专业力量，开展有针对性的调研活动，同时加强竞品分析，掌握行业内的竞争态势，为农产品营销提供有力的数据支撑。

第二，建立品牌形象是提升农产品市场竞争力的关键。品牌是企业的无形资产，也是企业在市场竞争中的重要竞争力量。通过不断提升农产品的质量、加强宣传推广、塑造独特的品牌形象，可以使农产品在消费者心中留下深刻印象，进而提升其知名度和竞争力。

第三，创新营销方式是拓展农产品销售渠道和提高营销效果的必由之路。传统的营销方式已难以满足现代消费者的多元化需求，要紧跟时代步伐，积极探索新的营销方式。例如，利用网络营销、直播营销、微信营销等新型营销手段，可以更加广泛地覆盖潜在消费者，提高农产品的曝光率和销售量。

第四，加强协会组织力量，发挥其在农产品营销中的积极作用至关重要。民间农业协会作为农民与政府、市场之间的桥梁和纽带，具有强大的组织动员能力。通过组织农产品展销会、企业与消费者见面会等活动，可以促进农产品与市场的有效对接，推动营销工作的深入开展，进而提升农产品的销售量和附加值。

综上所述，为了进一步优化农花博会在推动农业融合发展中的作用，应从加强市场调研、建立品牌形象、创新营销方式和加强协会组织力量等多个方面入手，全面提升农产品的市场竞争力和附加值，推动农业融合发展的深入进行。

四、本章小结

经过对农花博会对农业融合发展的影响机制进行综合研究后，分析得出以下结论：首先，农花博会对福建或某地区的文化、社会和经济方面产生了重大影响。具体来说，农花博会作为农业交流和展示的重要平台，促进了农业知识的传播、农业技术的交流和农业产品的流通，对于提升农业水平和促进农村经济发展起到了积极作用。其次，存在一些需要解决的问题。例如，政策支持不足，农业协会组织能力不足等。这些问题制约了农花博会对于农业融合发展的推动作用，需要采取措施加以解决。最后，可以实施一些优化策略来增强博览会的积极影响。具体包括政府政策支持、资源配置优化，农业技术创新的推动。综上所述，农花博会对农业融合发展产生了积极影响，但也存在一些问题需要解决。通过实施优化策略，可以进一步增强农花博会的积极影响，推动农业融合发展的深入进行。

第七章　会展深化食品产业融合发展的机制：以食交会为例

随着社会经济的发展，会展业正经历着高质量提升和发展的阶段。在这个过程中，会展业既遇到了威胁，也遇到了机遇。为了紧跟时代的脚步，迎合市场的需求，会展业开展了线上会展。同时，抓住机遇，扩大展览业的规模，实现产业融合，带动双方利益增长。展会是区域合作的重要窗口，可以推动区域产业走向国际化、规模化，提升知名度，加强区域、国家之间的交流沟通。为了进一步推进区域产业的融合，福建省近几年相继颁布了一系列的政策，境内外产业的快速融合，必将使国家间、地区间的资源流动、结构调整，形成更强的贸易与竞争优势。展会是区域合作的重要窗口，可以推动区域产业走向国际化、规模化，提升知名度，加强区域、国家之间的交流沟通。为了进一步推进区域产业的融合，福建省近几年相继颁布了一系列的政策，境内外产业的快速融合，必将使国家间、地区间的资源流动、结构调整，形成更强的贸易与竞争优势。

因此，本章将通过海峡两岸食品交易会（简称"食交会"），研究深化食品产业融合发展的影响机制。食交会作为海峡两岸重要的食品交流和交易平台，对于推动食品产业的融合发展具有重要意义。通过食交会，可以促进海峡两岸食品产业的交流与合作，推动食品产业的升级和发展。

同时,食交会也可以为海峡两岸的食品企业提供更多的市场机会和商业合作机会,促进双方经济的共同发展。

一、食交会深化食品产业融合发展的机制现状

(一)食交会情况简介

海峡两岸食品交易会的前身是泉州食交会。食交会始办 2014 年,是中国休闲食品行业规模最大、最重要的展会之一。每年都吸引了海内外众多知名企业和专业人士参展和观展,配套活动有泉州休闲食品网红直播节、食品行业最佳口碑奖、食品产业项目集中签约等系列活动。从表 7-1 可知,食交会的办展规模越来越大,参展商的数量也在上升,吸引了区域食品行业及德国、英国、马来西亚等地区和国家的参展,成交额也越来越高。举办地在福建晋江,因晋江位于福建东南沿海而得名,它是中国改革开放之标兵、县域经济之龙羊,民营经济之热土,哺育着非常宝贵的"晋江经验"。

表 7-1 食交会简况

届数	办展时间	成交额(亿元)	参展商(家)	展厅面积(平方米)
第一届	2017.7.27-7.29	88.65	400	40000
第二届	2018.7.20-7.22	95.38	402	40000
第三届	2019.7.20-7.22	107.8	456	42000
第四届	2020.7.20-7.22	138.6	693	50000
第五届	2021.7.20-7.22	163.59	超 1000	60000
第六届	2022.11.25-11.27	57.54	超 1100	50000
第七届	2023.7.20-7.22	180.26	超 1200	60000

数据来源:历届海峡两岸食品交易会数据统计。

食交会是晋江食品产业与时俱进发展的结果，也是晋江市引以自豪的城市名片。作为由国家商务部批准举办的"国字号"国际休闲食品专业展会，经过七年的精心培育，食交会的办展规模和影响力逐年提升，区域合作、国际交流的特点愈加凸显，已成为带动福建食品行业蓬勃发展的风向标和国内外食品企业、从业者交流切磋、洽谈商机的大舞台。食交会的成功举办，为参加展会的企业提供了一个良好的展示平台，可以帮助他们扩大市场，提高社会的消费水平，同时也有助于外企扩大国内市场，融入新的发展格局。

（二）食交会深化食品产业融合发展的具体机制

1.食交会深化食品产业引进运行机制

食交会深化食品产业引进运行机制如图7-1所示，主要包括引进资本、技术、劳动力等，通过逐步推进来深化区域产业融合。

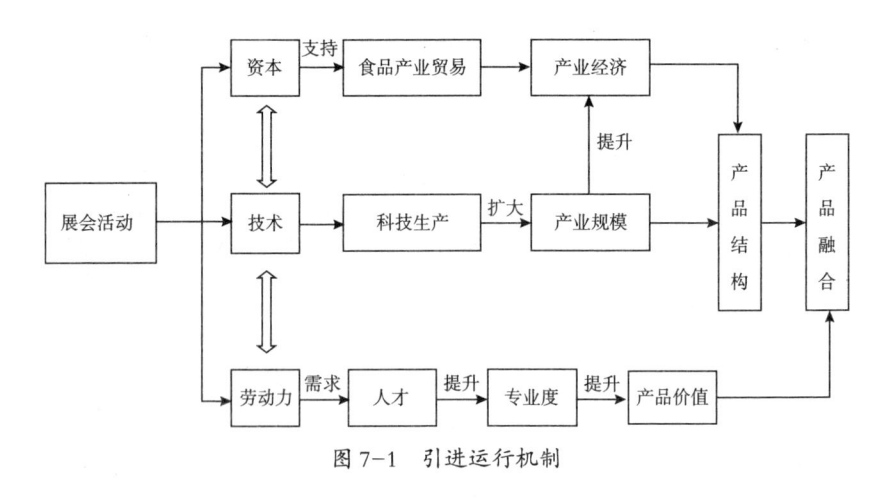

图7-1 引进运行机制

引进资本可以给产业融合带来强大的动力，提供资金支持。例如，第六届食交会为了促进区域合作，引进了很多境外食品业界以及海上丝绸之路沿线国家和地区的1000多家企业参展，其中有多家外企入驻。一届又一届的举办使食交会成为深化国际经贸交流与合作的重要窗口。

引进福建和海外的食品技术可以给产业融合带来技术支持，推动境内外双方实现科技化生产，扩大产业规模。食交会聚集了食品加工包装机械、食品工艺技术等最新技术来引领休闲食品行业发展的"方向标"。

引进劳动力可以为双方食品行业带来劳动力和技术人才，增加展会专业度，提升产品价值，加强行业双方合作的诚信度，从而加强产业之间的融合发展。

会展业作为经济、文化交流的综合性服务平台，在新的发展形势下，必将在国际交流与合作进程中扮演重要角色。对于会展组织者来说，会展活动本身即是其提供给市场的产品，产品又分为有形产品和无形产品。有形产品即参展商带来参展的产品；而无形产品即展览上所提供的服务。要想深化产业融合发展，要想观众认识境内外合作的产品，感受到福建同境外朋友之间的友谊，就像食交会引进了很多境外食品行业的参展，在这个过程中，引进运行机制的启动，需要一份完整的招展招商方案。

招展工作主要是寻找目标参展商、确定招展价格等等。该展会作为国际食品产业合作的重要窗口，展览规模不断地扩大，所以境内外食品产业企业就成为该展会的目标参展商。例如，第三次参加食交会的福建格兰冠食品股份有限公司等食品企业，宣传自己的同时，能够广交朋友，进行商贸对接，多交流多学习，为进一步优化产品创新、提档升级，增加产品影响力和品牌效应蓄势蓄力。招商工作主要是寻找参展的专业观众和普通观众，为了提高展会的专业度。通过这一系列的工作，保证深化食品产业引进运行机制的成功。

2. 食交会深化食品产业宣传传播机制

在全媒体时代的便利传播方式下，部分传统行业的营销意识中难以完全融入全媒体的传播方式。相比之下，会展业作为新兴产业，通过全媒体的优势更有利于推动会展行业发展。通过全媒体的优势，把展会信息向外扩展，使受众群体不断增加，促进展会活动的创新发展，从而发挥全媒体广泛性传播能力和品牌性宣传的优势，最终获得观众的认可与信赖[1]。如图7-2所示，展会活动的宣传工作可以分为展会活动前的宣传、展会活动中的宣传、展会活动后的宣传。

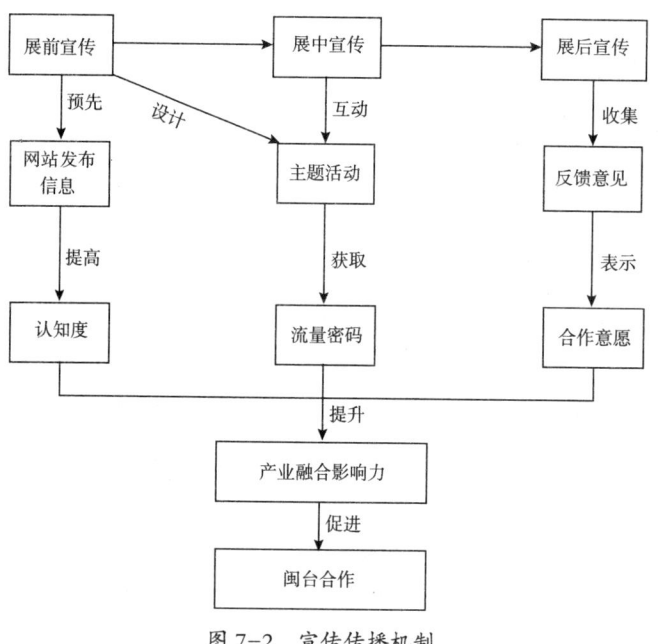

图 7-2 宣传传播机制

会展前的预先报道，往往会持续一段比较长的时间，会展的规模越

---

[1] 苏畅，魏志宇，陈家骥.创意宣传、品牌策划与思政表达：全媒体时代地方会展场馆的价值传播——以长影旧址博物馆为例[J].商展经济，2022（21）：1-3.

大、知名度越高，前期报道分量就越重。[1]以第六届食交会为例，该展会已经拥有五届的举办经验，在展会举办前两三个月，通过在展会网站、闽南网、中国商报网等有关网站进行提前预热，以及在福建晋江高质量发展的帮助下，借助"中国食品工业强市"的影响力，食交会成功实现了食品的全产业链"一站式"采购[2]。将展会中的区域食品信息推上网络，起到了非常重要的作用。此外，为了吸引更多的观众，食交会还为产业融合的企业设计了一系列主题活动。这些活动不仅丰富了展会的内涵，还为参展商和观众提供了更多的交流和合作机会。

在展会活动中进行互动体验活动宣传，设计一些小游戏，精心策划活动，结合互联网优势，打造会展活动"爆点"。每场会展活动亮点都是最能吸引观众的高光时刻，因此提前策划直播内容，才能获取"流量密码"[3]。例如，在第五届食交会上，活动的主要特色是规模扩大，设置六大主题展馆，影响力不断提升；主打休闲食品，产业链"一站式"采购，引进境外先进的食品制造；坚持"双线"办展，竞逐"互联网+"蓝海，打破空间限制，实现线上交易会，实现双线展览。参展商林大为说："透过这样的一个平台，让我们去做一个深度的交流，甚至我也在这边学到

---

[1] 郭阳.浅析大型会展的新闻策划与宣传报道——以天津电视台第五届世界智能大会报道为例[J].科技传播，2022，14（9）：64-66.

[2] "一站式"采购模式通过集成化的平台，为企业提供从原材料采购到产品制造、销售等全过程的便捷采购服务。这种创新的采购方式不仅简化了烦琐的采购流程，降低了采购成本，还显著提高了采购效率。在全产业链的覆盖下，企业能够轻松获取各种所需的原材料和零部件，确保生产流程的顺畅进行。同时，一站式采购模式还有助于企业优化供应链管理，提升整体运营效率，为企业创造更多的价值。

[3] 在网络平台上，通过精心策划的内容、策略或方式，吸引大量用户点击、观看和互动，从而获取更多的网络流量。对于个人、品牌或企业而言，掌握流量密码意味着能够提升曝光度、扩大影响力，并最终实现商业价值。

了很多在我们这边的厂家他们设计产品的方式，设计爆款的方式，让我们寻求到很多合作的契机"。

在第五届食交会上同期还举行了2021年度食品行业颁奖典礼、名优食品推介会、第三届中国休闲食品工艺技术高峰论坛、全国食品商协会座谈会、阿里巴巴1688超级重点企业食品行业交流会、抖音电商食品饮料行业招商大会·福建站、京东自有品牌代工对接会等多场高端论坛和活动。这些活动都为食品产业融合发展提供了机会，认识到更多的盟友，找到自己的潜在客户，达成长期的合作关系。

展会活动结束后，应及时收集观众和参展商的反馈，进行总结性评价。对于满意的地方，应该继续保持；对于不满意的地方，应该做好标记，并在下一次展会中改进不足。这样能够为观众和参展商提供更好的保障和期待。如果没有收集观众和参展商的反馈，就会给人一种虎头蛇尾的感觉，无法及时了解展会是否达到了良好的宣传效果，也无法判断福建食品行业的产业结构是否发生了变化，产业经济是否发生了变化。

以第七届食交会为例，据统计，2023年食交会意向交易额达180.26亿元，创历史新高，同比2021年增长10.2%，同比2022年增长144.9%。本次食交会展览面积约6万平方米，设7大主题馆。吸引了来自国内，以及德国、英国、荷兰、俄罗斯、菲律宾等20多个国家和地区超1200家企业携数万件"名优特"产品集中亮相。[①] 这些数据为参展商企业提供了良好的信号，也是对参展企业最好的反馈。

---

① 闽南网. 意向成交额180.26亿元 线上访问量超100万次 食交会成绩创历史新高［EB/OL］.（2023-07-24）［2024-01-10］.https://baijiahao.baidu.com/s?id=1772264174327874011&wfr=spider&for=pc.

3.食交会深化食品产业强化创新机制

会展业是现代服务业的重要组成部分,对经济结构调整、开拓内外市场、促进多重消费、加强合作交流、扩大产品进口、推动经济快速持续健康发展等发挥着重要作用。会展是专业信息综合汇聚的窗口,使科技成果信息在与会者之间自由流动,减少信息占有不对称的障碍。[①] 如图7-3所示,创新技术推动了展会运营交易模式的转变,从而扩大了食交会的交易空间。同时,创新技术催生了展会营销的新模式,打破了国际与区域间的空间限制,有效提升了展品和买家的互动性,进而提高了营销效果的转化率。此外,利用大数据实时记录线上观众的行为,展商能够精确定位,观众能够定向宣传,产品能够精准展示。观众还可以零距离观展,免排队参与现场活动,为不能来到现场的境外参展商提供了另一个展示的舞台。

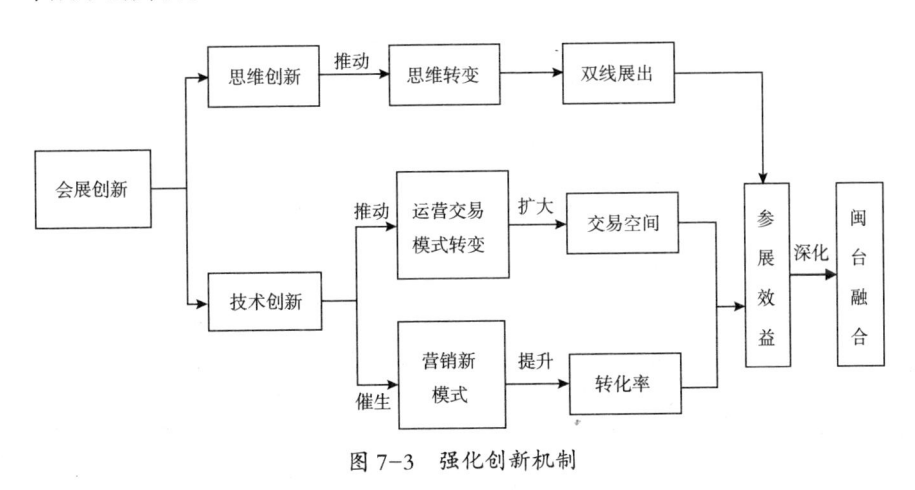

图 7-3　强化创新机制

[①] 苏琳.提升展会沟通机制推动产业技术创新——世界机器人大会的案例研究[J].中国报业, 2020（12）: 44-46.

在第五届食交会举办期间，正值新冠疫情时期，这对展会业来说是一个挑战。为了突破传统展会的局限，必须进行思维转变。因此，食交会以食力家B2B供应链平台为支撑，实现了线上线下同步展出。通过优化线上平台和特色资源，商家能够更方便地接触到更多的买家，提升参展效果。当时，线上平台入驻商家超过1000家，数量超过10万，每日活跃厂商约3000家。

创新在推动会展发展方面起着重要作用，对于深化食品产业融合发展的影响也非常重大。思维创新、技术创新、设计创新、观念创新等方面都有助于强化食品产业融合发展。

二、食交会深化食品产业融合发展机制存在的问题

（一）缺少专业互补，产业融合有障碍

会展业是一个重视人才的行业，人才是衡量会展专业度的重要指标，也是会展行业长期关注的重要问题。会展人才可界定为掌握会展业专业知识与专门技能并通过创造性劳动为社会做出贡献的人才。会展人才在会展业人力资源中所占比重较大，具有较强的胜任力与素质。[1] 而会展合作人才则是指具有会展专业知识和专门技能，同时又懂得同源文化知识，通过创造性劳动对社会、对国际、区域合作关系做出贡献的人。这些人才不仅具备会展专业能力，还具备跨文化交流的能力，对于促进国际、区域间的合作关系具有重要意义。

随着食品业的进一步发展，境内外食品业的人才缺口也越来越大，

---

[1] 张凡.人才的价值新时期会展人才对行业发展产生的重要影响[J].中国会展，2023（1）：62-69.

特别是具有创意的研究与开发人员、具有管理经验的食品业管理人员，及跨领域的复合型食品业人才等急需补充。[①] 福建食品业的人才匮乏，造成福建食品业品种单一，同质化严重，且仍处于为外省品牌代工的状态，尚无自有名牌。

在境内外合作方面，福建高校也有设立境内外合作的专业，办学规模不断扩大，引进优秀的教育资源。然而，高校人才培养模式仍然存在一些问题，如专业之间的互补性不足，实践教学薄弱等。对于专业人才方面，学者李玲玉探索了适合福建高校的可行的教育教学新模式，有助于培养具有国际化视野的应用专业人才，促进专业教育与产业就业的无缝联系。在食交会上，由于缺乏具备会展知识和了解外国文化的人才，导致在引进机制的过程中，展会的专业度降低，同时展会对于引进食品产业的说服力也减弱。这使得境内外食品产业之间的文化融合存在一定的障碍。

（二）宣传力度不够，产业融合知名度低

会展宣传是会展的指向和引导，它影响了会展的各个方面，很多客户就是通过会展宣传才走进了会展的大门。因此，要想做好深化食品产业融合发展，展会引入食品产业时必须做好展会的宣传。在全媒体时代[②]，要利用好抖音、小红书、今日头条等短视频的流量优势，为展会做好宣传，为合作提供更深入的交流。展会的宣传和推广不仅可以及时、

[①] 高玥珣．闽台食品行业人才需求现状及预测研究［J］．海峡科学，2018，136（4）：71-74.
[②] 全媒体时代，指的是对杂志、书刊、报纸、电视节目、广播节目以及网络节目等各类平台的全面且充分的运用。通过结合受众的视觉、听觉、触觉等多元感官体验，实现对信息接收的深加工，从而满足各类观众的不同需求。全媒体时代的来临，极大地推动了媒体融合与创新，使得新闻传播方式发生了深刻的变化。

准确、有效地向参展商和观众传播展览信息，争取他们对展览的理解和支持，还可以提高展览的知名度和声誉，为展览创造良好的公众舆论，树立良好的社会形象。

食交会虽然交易额很高、食品产业值提升了很多，但在宣传方式、宣传内容等方面没有下足功夫，没有充分利用现代科技新媒体的优势去升华自己的展会品牌。据调查，在展会开始前，食交会的预热只在闽南网、中国商报网、中国新闻网网站上发布信息，其他短视频也没有专门跟进报道的，只有一些零散发布的视频，不能让大众集中观看展会食品企业的情况，导致大家在搜索时会有疲惫感，也不会对食品产业融合感到重视；在抖音、小红书平台等短视频上没有创建一个专门ID，没有做好品牌建设，宣传力度不够，导致关注的人不多，点赞数不多，观众对这个展会的认识不多，就不能很好地为福建食品产业宣传推广，不能提高区域食品产业融合的知名度。

在展会开始时，福建东南卫视播放了采访第五届食交会上的一些境外参展商的参展感受。但在展会结束后，并没有相关的数据来表示观众与参展商的满意度如何，更不了解观众对区域食品产业融合的态度和感受，也没有做好为下一次展会奠定基础的宣传工作。因此，应对此问题做出更好的对策来完善区域食品产业融合发展的宣传机制。

（三）产品创意欠缺，产业融合发展变慢

创新是以现有的思维模式为基础，提出独具匠心的见解，运用现有的知识和物质，在特定的环境中，以理想化需求或社会需求为导向，不断改进或创造新的事物，包括但不限于各种产品、方法、元素、路径、

环境等，从而实现有益的行为效果。创新的目的是改变世界，使人类能够更美好地生活下去。创新是一种突破已有思维模式的行为，它能够激发我们的创造力和创新精神。

食交会的举办时间一般为三天，对于展会中境内外食品产业融合发展的经济只能是短期的收益，所以要有一个很好的创意来吸引观众，在短时间内做到最大的收益。但是食交会还是缺少创意，境外参展商和福建参展商目前处于互相了解和吸取的过程。在产品设计方面，境内外食品行业双方还没有找到很好的融合点，没有设计出只属于区域食品产业的logo、包装等新奇的产品，使福建和境外的食品行业停留在各自特色方面，没有达到产业融合的效果。

此外，主题作为活动的核心、中心思想，在整个活动中的作用不可忽视。然而，食交会举办了六届，举办规模也越来越大，却缺乏展会主题。这导致观众在参观时缺乏明确的方向和深入的了解，从而没有给观众留下深刻的印象。因此，在深化食品产业融合发展上遇到了阻碍，产业融合发展变慢。

三、食交会深化食品产业融合发展的机制优化对策

（一）加强人才培养体系，促进产业融合的发展

第一，建立会展人才数据库，为展会建设做储备力量。建立会展人才的数据库，首先要设立会展专业，进行会展教育。会展教育需要高等院校、职业技术学校、行业协会、企业教育联手，优势互补。[1]其次，要

---

[1] 殷雯君.我国会展人才培养存在的问题及对策研究[D].上海：华东师范大学，2008.

培养会展人才。会展人才培养应根据市场人才需求，建立好会展人才培养模式。由于会展活动涉及多方面，比如会展活动策划、设计、管理、经济等，所以会展是一项综合性的学科。可以给学习会展的人增加一项闽文化学科，为展会引进区域食品产业做好人才储备。最后，要利用科技建立会展人才数据库，为以后会展行业的发展奠定坚实的基础。福建应积极吸引境外食品业的优秀人才，加强食品业的前沿信息的交流和传播。为地区的食品行业培养高素质的专业技术人员，提高食品行业在国际市场上的竞争能力。

第二，发挥政府能动性，提升政府的引导效应。福建省政府要充分发挥自身能动性，积极寻求与境外政府的双边教育合作，加大双边政府的能动效用，逐步推动教育融合发展。[①]做好双边交流合作，给展会实现境内外食品产业融合做好支持工作，调动区域食品产业的积极性，使深化区域食品产业融合发展的引进运行机制能够更加流畅。

第三，加强企业员工培训，提高相关人员的素质。为了展会可以深化食品产业融合发展，可以进行员工培训。比如，对展会的信息、展会的服务、展会上的注意事项等内容的培训。对于区域食品产业来说，在员工培训上，可以增加区域文化知识、饮食习惯、禁忌等等具有针对性的内容，避免因为不懂而影响境内外企业关系和合作。

（二）提升宣传推广力度，提高产业融合知名度

要多渠道宣传推广，食交会可以利用各自微信公众号、抖音、头条号、小红书、官网等媒体平台，形成宣传矩阵，开设专栏，坚持发布有

---

① 狄俊安，林文，林中燕.闽台合作背景下产业人才培养联动机制研究［J］.教育评论，2016（10）：91-94.

关食品产业信息的宣传报道，传达展会信息，及时反映展会的开展动态、特色做法、活动效果等。展会前中后发稿广泛推送到各级媒体、工作群，形成铺天盖地的宣传攻势，让观众对境内外合作意识入心入脑，达成普遍共识，成为自觉行动。在各个渠道里创建自己的ID账号，对ID账号进行设计和管理，明确专人负责，长期维持ID账号的运营，定期发送区域食品产业融合的情况。

注重多元化宣传内容，展会宣传工作组应加强联系指导，坚持营造良好的氛围、做好监督指导工作，最大限度凝聚力量，增强宣传效果。展会宣传工作组应设计多元化的宣传内容，对每个主题活动精心设计制作各具特色的宣传展板，开设宣传专栏，张贴宣传海报，循环播放宣传标语等等，营造了浓厚的宣传氛围。可以通过优美的文字、华丽的图片、幽默搞笑的漫画动图、三维立体化的图文音并茂的方式，增加以多元化的形式宣传展会中食品产业融合活动内容。拥有多样化的媒体渠道，加上多元化宣传方式，就有了传播多元化内容的一个阵地。

注重多人力宣传推广，宣传推广需要更多人一起努力把展会上的信息传播出去，因此需要投入人力资本来吸引更多人参加到宣传推广的工作当中来。可以通过和高校合作，提供给会展专业的同学和境内外合作专业的同学一个锻炼机会，加强和高校之间的联系。此外，还可以通过和社会合作，提供志愿者机会，向广大的社会群众进行招募。这不仅可以给他们提供实践机会，也给他们带来了就业机会。展会也会获得群众支持，就可以有更多的劳动力参与到展会的宣传推广中。

另外，针对参展商，设计一份参展商参展满意度调查问卷，以收集他们对展会的整体印象、参展效果、展位布置、参展服务等各方面的反馈。针对观众，设计一份观众观展满意度调查问卷，以收集他们对展会的内容、展览质量、现场氛围、参观体验等方面的反馈。及时发布这些问卷，收集参展商和观众的反馈，并表达下一次合作的期望。这也是一种间接的宣传方式，有助于提高展会的品牌形象和口碑。

（三）设计独特产品外观，增强区域产品竞争力

第一，设计独特产品包装，增加观众新鲜感。包装是一个产品的第一印象，根据2020年的一项调查，现代消费者在选择产品时，80%会根据产品包装的颜色，而20%会根据外观形状来做出购物决策。因此，对于企业而言，设计出独特的产品包装至关重要。

在设计之前，可以进行市场调研，搜集具有特色的产品包装设计，并对收集的内容进行整体分析，寻找突破口和方向。对于区域食品行业来说，需要在包装设计中融入合作区域的文化内涵。设计要求应简单、大气、时尚。在包装颜色的选择上，要避免使用黑色，因为黑色在很多外国人的文化中是礼仪禁忌。此外，可以选择环保材料来制作包装，以呼吁大家进行绿色消费。食品企业应重视产品的包装设计，打造具有合作区域文化特色、符合品牌形象的产品包装，以便在展会上吸引观众的眼球，增加产品的新鲜感。

第二，设计独特展会标识，增强产品独特性。会展活动标识系统包括项目和公司logo、项目综合介绍牌、展区或活动区介绍牌、展馆介绍牌、指示牌、导览牌和公共服务牌。随着时间的推移，这些标识将逐渐演化为一个具有品牌效应的实体。

标识作为一种视觉传达手段，它的作用在于传递信息，引导消费。设计标识所追求的，是将创意的概念转化为恰当的艺术形式，并运用简

练、概括的表现手法，以达到高度整体美感，从而获得最佳的视觉效果。在实际应用中，标识作为一种简单而易于记忆的符号，是经过凝练而成的。因此，在展会活动标识的设计过程中，必须首先深入了解目标受众的使用意图，并根据相关法规等情况进行选择，以确保设计的合理性和有效性。其次需要考虑到作用对象的直观感受、审美观念、社会心理和禁忌因素，以达到最佳的效果。最后还要考虑到展览场地空间与人之间存在着距离，使之具有视觉上的冲击力。

构思和设计力求达到深刻、巧妙、新颖、独特的境界，表达清晰明了，能够经得起时间的考验；图形与文字设计要具有一定的艺术感染力和吸引力，使参观者感到亲切、愉悦。色彩设计的应用应该是简单的、富有变化，颜色是有情绪的。对于富有民族文化特色的展会，颜色可以采用红色，红色可以代表活力和希望。

所以设计好展会的标识，可以塑造起展会的品牌性，影响力也会提升，在展会中的区域食品产业的影响力也会紧跟着提升。

第三，设计产品活动主题，突出产品核心价值。建立产品主题的目的有三个：其一是增加产品的附加值，通过独特的主题设计，使产品在市场上更具吸引力，从而提升产品的附加值；其二是提升企业在市场竞争中的形象与地位，一个有创意和特色的主题可以提升企业的形象，使其在市场中更具竞争力；其三是通过建立"主题"确立产品造型依据，使产品的整体造型、细节处理达到完整性的设计策略。

为了设计一个既有创意又有特色的主题，食交会可以采取以下措施：深入了解合作区域的产品特色和文化内涵，从中挖掘出独特的设计元素；结合市场需求和消费者喜好，将设计元素与现代审美相结合，打造出具有吸引力的主题；在产品包装、宣传等方面应用该主题，使其贯穿整个产品的设计和推广过程。

四、本章小结

近年来，福建的会展业迅速发展。展馆建设步伐加快，展会规模不断扩大，同时发挥对外优势，培育了一批知名的国际会展品牌。如今，福建的一些展览活动都涉及到与境外的合作，如本章研究的食交会。该展会是境内外食品产业交流的重要窗口，为促进国际经济文化合作发挥了积极作用。

为了深入研究展会活动对深化食品产业融合发展的影响机制，本章以食交会为研究对象，采用文献研究法、归纳总结法、模型构造、案例研究方法等研究方法，分析食交会深化食品产业融合发展的具体影响机制。通过对食交会的深入研究，可以发现其在深化食品产业融合发展方面发挥了重要作用。然而，在食交会深化食品产业融合发展的过程中，也存在着一些问题。对此，本章有针对性地提出了完善食交会深化食品产业融合发展的影响机制的对策。

第八章　会展深化机电产业融合发展的机制：以厦门工博会为例

近年来，国际会展业的重心已经开始从欧美向亚太新兴经济体转移，这是当前全球会展业发展的大趋势，也为亚太地区会展业的崛起提供了重要的机遇。我国会展业应该立足于"双循环"的新发展格局，以国内会展的蓬勃发展为主体，同时也不可忽视国内国际双循环的内外联动作用。厦门工业博览会暨海峡两岸机械电子商品交易会（简称"厦门工博会"）是由中华人民共和国商务部特别授权，由两岸权威机构共同主办的工业交流盛会，历经28年的创新发展，已成为兼具国际化、品牌化、市场化和实效性的大型工业展会，是参展企业开拓市场、宣传品牌、获取资讯以及技术交流的重要平台。[①] 厦门工博会是境内外机电产业融合发展的一个良好媒介。它通过打通海内外市场要素的生产、分配、流通、消费的阻塞，拓宽产业全价值链合作，促使境内境外共同参与到国际大循环之中，实现共赢。

在会展活动中，各方面的影响机制都发挥着重要的作用，所以只有正确地分析和利用这些影响机制的作用，才能有针对性地开展控制活动。

---

① 厦门工业博览会.厦门工业博览会概况［EB/OL］.（2024-01-01）［2024-01-10］.https://www.straitsfair.org.cn/exhibition?activeValue=16.

因此，本章通过对厦门工博会的影响机制研究，不仅有利于主办方合理利用影响机制推进机电产业融合发展，而且对进一步推进会展影响机制理论研究具有重要的理论意义。

随着我国会展产业的蓬勃发展，其对区域经济发展、社会进步、文化传播的作用日益凸显，但同时也存在着一些不足之处。本章从会展产业与境内外产业融合发展二者之间的协调互动角度出发，提出了会展活动的影响机制不畅问题及其优化对策，为解决会展活动与机电产业融合发展之间存在的一系列问题提供了一种新的途径。

一、厦门工博会深化机电产业融合发展的机制现状

通过对厦门工博会与机电产业融合发展的现状进行深入分析，能够全面了解当前机电产业融合的程度、模式、路径及其所取得的成效。这不仅有助于我们把握机电产业融合发展的最新趋势和动态，更能发现融合过程中存在的问题和挑战，从而为政府和企业提供有力的决策支持和指导。

（一）厦门工博会举办现状

厦门工业博览会暨海峡两岸机械电子商品交易会，是由中国机电产品进出口商会、中国机械工业联合会以及厦门市会议展览共同主办。厦门工博会是工业交流盛会和大型专业展览平台，至今已成功举办28届。其近7年展会规模数据如图8-1所示。

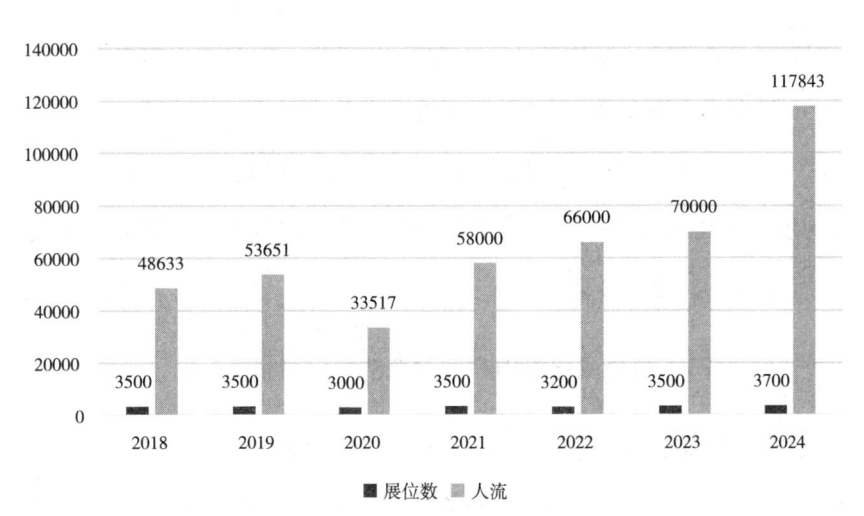

图 8-1 厦门工博会近 7 年展会规模[①]

由图可知，厦门工博会近7年展位数大多在3000~3700区间浮动，可见参展商客户较为稳定，展商回头率较高。从总体数据来看，展会规模历年扩大，人流量不断上涨。2020年由于受到新型冠状病毒感染疫情的影响，展位数、人流量出现了下降，但在2021年后展会又恢复到了正常水平，回归稳定上升趋势。

如表8-1所示，2024年厦门工博会展览面积达7.5万平方米，共有968家参展商参展，较2023年增长了2.7%，现场成交及意向订单达5亿元，各项数据较往届相比都具有重点突破。

表 8-1 2023—2024 年厦门工博会基本情况

年份	展览面积	参展商数量	观众数量	现场成交意向订单	媒体曝光量
2023 年	7.3 万 m²	1039 家	6.4 万人次	4.2 亿元	2 亿人次
2024 年	7.5 万 m²	968 家	11.8 万人次	5 亿元	2.6 亿人次

数据来源：厦门工博会官方数据。

---

① 数据来源：厦门工博会官方网站，网址：https://www.straitsfair.org.cn/

厦门工博会以"聚焦新工业,赋能促发展"为主题,携手众多制造业者攻坚克难,联动上下游全产业链,谋划制造业高质量发展新思路,携手共拓国际大市场。兼具国际化、品牌化、市场化和实效性,凭借"品牌展示—技术交流—交易合作"三位一体的展览特色,吸引了大批制造业企业和买家参展参会。

(二)厦门工博会深化机电产业融合的机制分析

1. 厦门工博会的机电产业交流壁垒突破机制

厦门工博会的机电产业交流壁垒突破机制是多方面的,具体如图8-2所示。

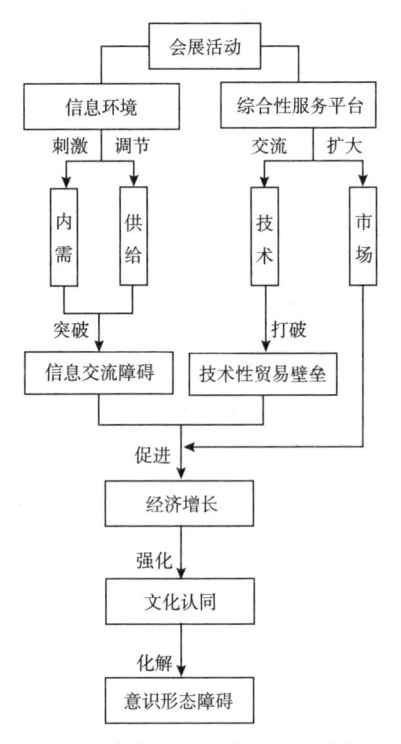

图8-2 厦门工博会的机电产业交流壁垒突破机制

第一，突破信息资源共享障碍。厦门工博会作为产业和市场信息的集散地，将供需双方直接整合在一起，为区域企业营造了一个和谐的信息交流环境。通过举办会展活动，可以以较低的信息成本提高资源配置的效率。一方面，会展活动可以直接刺激需求。参展产品的演示使消费者能够直接发现新的产品或相关信息，促进消费者对消费结构的重组，从而产生新的消费需求。另一方面，会展活动具有调节供给的能力。参展商通过对不同产品性能和价格的比较，以及了解市场上竞争产品的信息，为企业的市场供给提供了参考价值，从而优化企业的供给结构。

第二，打破我国机电产业技术性贸易壁垒。随着我国机电产品远销国外市场，机电产业所占据的贸易出口额逐年上升，在我国出口贸易中占据着支柱性地位。然而，由于欧美国家对我国设置了一系列技术性贸易壁垒[①]，限制了我国机电产业出口贸易的进一步扩大。

第三，化解海内外意识形态上的区别。会展综合体通过文化建设、文化自信、文化认同、文化再现、文化认知、文化交流的步骤实现对所在地城市文化的影响；所在地的城市文化将因人的流动参与在一定程度上传播到体验者来源地。[②]厦门工博会在促进区域经济增长的同时，通过企业多领域合作，将企业的利益关系紧密地绑定在一起。这种合作不仅促进了产业

---

① 技术性贸易壁垒，是一种非关税壁垒形式，主要通过技术法规、标准、合格评定程序以及卫生与植物卫生措施等手段来实施。这些措施以保障国家安全、保护人类和动植物生命安全、保证产品质量、保护环境和防止欺诈行为发生为名义，但实际上对国际贸易造成了阻碍。它们具有灵活性、隐蔽性、复杂性和可操作性等特点，使得出口国难以应对。技术性贸易壁垒对国际贸易的负面影响日益显著，不利于世界资源的自由流通和优化配置，且可能使国际贸易利益的分配进一步向发达国家倾斜。

② 游蓝天，钟兴华．通过"四链双循环"视角论述会展综合体对城市文化传播的影响[J]．商展经济，2022（23）：7-9．

的发展，还加深了参与者对城市文化的认同。通过参会者的交流和互动，他们逐渐认识到彼此之间的共同点和利益，从而形成了"命运共同体"的文化认同。这种文化认同不仅加强了参会者之间的联系和合作，还提升了他们的民族归属感。当参会者回到自己的来源地时，他们将这种文化认同带回当地，进一步促进了民族文化的传播和传承。同时，这种文化认同也激发了人们对民族文化的自豪感和归属感，从而提升了民族凝聚力。

2. 厦门工博会的机电产业结构优化机制

厦门工博会的机电产业结构优化机制如图8-3所示。

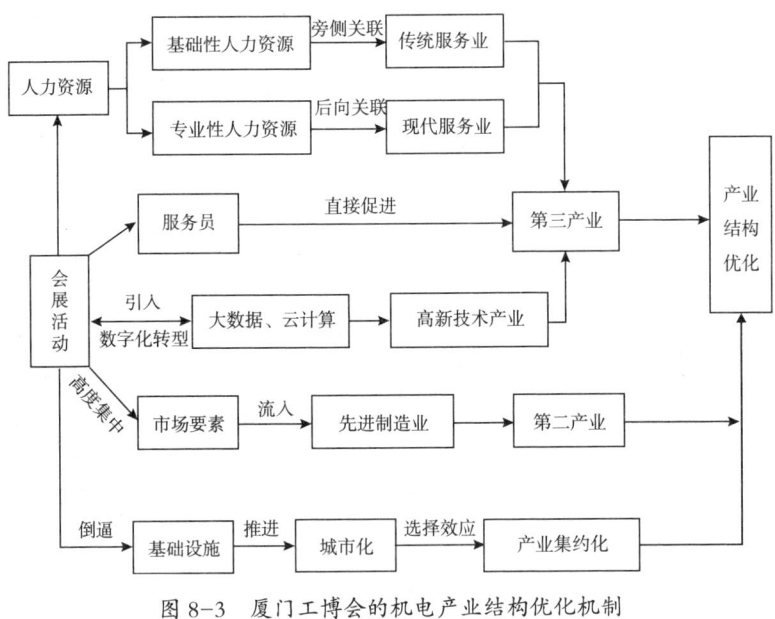

图8-3 厦门工博会的机电产业结构优化机制

第一，会展活动可以直接或间接促进产业结构优化。作为服务业的会展业，隶属于第三产业，其带来的门票收入、场馆租赁费用、展台搭建费用、办展费用等可以直接促进区域经济的发展，促使产业结构转型升级。同时，会展活动的主办方、参展商、专业观众等分别代表各自的企业，具有较强的消费能力和话语权。他们对签约、论坛等高端服务业的要求较高，从而促进服务业转型升级。

第二，会展活动可以带来较多的劳动力资源。一方面，会展活动需要大量的基础性人力资源，如安保人员、保洁人员、迎宾服务人员等。大量的人员集聚经由旁侧关联效应会增加区域交通、餐饮、住宿、零售等传统服务业的收益，从而改善区域产业结构。另一方面，会展活动需要大量的专业性人力资源，如策展人员、设计人员、互联网人员等。通过后向关联效应集聚了大量广告、互联网等行业的人才，带动了现代服务业的发展，从而促进区域产业结构优化。总而言之，辅助性人力资源积累为产业结构转型升级提供了有力支撑，专业性人力资源积累对产业结构转型升级具有拉动作用。①

第三，会展业的飞速发展产生了庞大的技术需求。大数据、云计算、区块链、物联网等现代信息技术纷纷被应用于会展业，从而加快促进信息技术产业的发展。同时，在高端技术的支撑下，会展业正在推动数字化转型升级，这也促进了会展业产业结构的优化。

第四，会展活动的开展可以将技术，资金，信息等市场要素高度集中在同一时间空间内，提高市场要素在行业内流通效率，激发行业活力。展会有助于企业了解消费者的消费需求以及市场的发展态势，以此对产品在现有基础上进行二次改良或者创造新产品。② 同时，厦门工博会展示了先进的制造业成果，参展企业间可以达成交易合作。当达成交易后，

---

① 扶涛. 人力资源开发与产业转型升级的交互影响机理与适配效应研究——基于中国2010—2015年数据［J］. 湖北社会科学，2016（6）：62-70.
② 夏龙，申强，王军强. 会展业发展与产业结构转型升级——基于中介效应的实证［J］. 产经评论，2020，11（6）：114-126.

大批资金流将会流入先进制造业，支撑企业创新研发，激发行业活力，促进先进制造业发展。

第五，会展活动的开展需要具备完善的基础设施，包括酒店、交通、医疗、休闲娱乐场所以及各类旅游景点。一方面，在这些对物质条件的迫切需求下，政府要想促进会展业持续健康发展，必须加大城市建设投入，优化城市空间结构，提升基础设施建设水平，从而加快城市化进程。另一方面，在城市化的发展推动下，大批农村人口涌入城市，为会展业和产业结构优化提供了劳动力支撑。同时，城市化还会产生选择效应，改变原有的产业发展模式，淘汰粗放型企业而保留集约型企业，实现产业集约化，从而促进产业结构升级。

3. 厦门工博会的机电产业深度融合机制

厦门工博会的机电产业深度融合机制如图8-4所示。

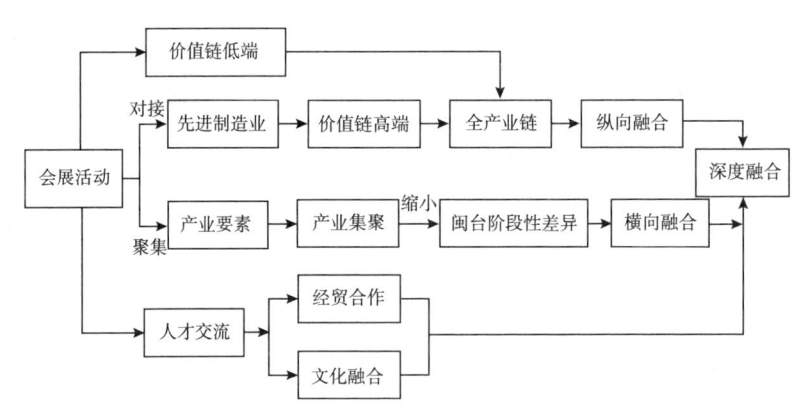

图8-4 厦门工博会的机电产业深度融合机制

会展活动可以融入主体产业链，发挥其在拓宽企业全价值链合作的服务效能。虽然福建的第三产业增加值逐年上升，但福建仍处于工业化中期阶段。借助厦门工博会这一平台，福建可以对接"集成电路、精密器械、机床制造"等先进制造业产业，解决产业合作价值链低端的难题。

同时，在保持价值链低端合作的优势之下，围绕产业链进行补链强链，鼓励企业共同研发创新，向着高附加值的价值链上游环节加强合作，实现全价值链合作，最终实现纵向深度融合的目标。

会展活动通过对物流、信息流、资金流、商贸流的优化组合，加快生产要素的流通，聚集产业资源，促进产业集聚。通过厦门工博会这一集人才、科技、商品的交易服务市场，建设机电产业集聚园区。一方面，产业集聚的技术外溢和技术扩散效应带动了福建地区技术进步，缩小同海外的阶段性差异，实现横向深度融合。另一方面，高度集中的资源能够得到有效配置，企业的贸易分工更加明确，提升企业在全球贸易加工环境的竞争力。

会展活动为人才交流合作搭建起了一个互惠互利的桥梁。如图 8-5 所示，厦门工博会的观众中，30.5% 来自管理层，他们是相关企业的代表；26.6% 来自采购部门，14.3% 来自研发部门，这些都属于行业内高质量的人才。这些行业内的人才通过会展活动的交流和沟通，可以交换有价值的信息，达成经贸合作，从而促进区域共同发展。

图 8-5 厦门工博会观众职能划分 [①]

---

① 数据来源：厦门工博会官方网站展后报告，网址：https://www.straitsfair.org.cn/exhibition?activeValue=3.

4. 厦门工博会的机电产业全球拓展机制

厦门工博会的机电产业全球拓展机制如图8-6所示。

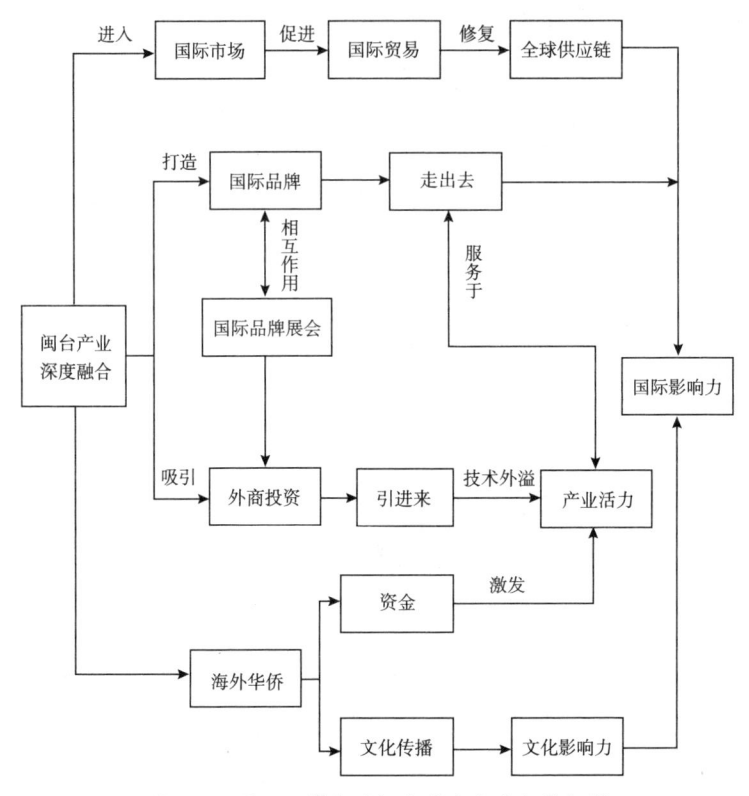

图 8-6 厦门工博会的机电产业全球拓展机制

厦门工博会可缓解全球供应链危机。在多年的贸易保护主义的大环境下，企业的生产销售受到巨大影响，产能不足、运输能力下降等问题层出不穷，尤其是制造业陷入瓶颈。在机电产业深度融合的基础之下，海内外相互依存共生，企业受"断链"影响较小。福建背靠物产丰饶的内陆，为海外提供源源不断的生产资料，再经由福建企业加工生产后出口到全球市场，补足了庞大的国际市场缺口。在企业携手互助下，为完善和修复全球供应链提供了"稳链保供"的作用，有利于国际贸易的稳定和发展，从而提升我国的国际影响力。

会展活动能通过整合各种传播方式，最大限度地塑造机电产业国际品牌形象。一方面，企业的深度融合可以促进技术资源互补，共同研发创新，在国际市场上打响区域机电产品的名号，实现机电产业"走出去"。通过厦门工博会这一媒介，可以吸引大量外商在华投资，实现海外资本"引进来"。外商投资中国企业会产生技术外溢效应，对中国制造业的技术进步产生了积极的推动作用，极大地提升了我国制造业的技术水平，更好地服务于我国机电产品"走出去"。另一方面，区域机电产业的蓬勃发展亦会推动展会品牌发展壮大，朝着专业化、国际化程度深入拓展，最终将厦门工博会打造成国际品牌展览会。作为国际品牌制造业展会，厦门工博会会进一步扩大区域机电产品在世界的知名度，增强与会者对区域机电产品的情感认同，加深机电产品在与会者心中的国际品牌印象。二者相互联系相互作用，促使机电产业的国际市场规模不断扩张，从而提高我国的国际影响力。

地缘关系维系了海外华侨之情，推动了中华传统文化在世界范围内的传播。有调查显示，福建现有旅居世界各地的闽籍华人华侨1580万人[1]。一方面，文化中强调的"不忘根本"的宗族思想深入人心，因此每年都有大量的侨资流入福建，在闽投资建厂，侨商企业形成了以制造业为主的产业集聚群，激发了福建机电产业的活力。另一方面，海外华侨是中华文化的承载者，也是中华文化传播的天然对外窗口。海外华侨立

---

[1] 福建日报. 聚是一团火！全球99个国家（地区）1100多位游子回家［EB/OL］.（2023-11-04）［2023-12-01］.https://baijiahao.baidu.com/s?id=1781643152138544335&wfr=spider&for=pc.

足中华文化自信,讲好中国故事,让繁荣昌盛的中华优秀传统文化在世界大放异彩,从而提升我国文化影响力。

二、厦门工博会深化机电产业融合发展机制存在的问题

研究厦门工博会深化机电产业融合发展机制所存在的问题,对于提升机电产业融合的质量和效率,以及推动区域经济的持续发展具有至关重要的意义。通过对现有机制的问题和不足进行深入分析,我们能够更清晰地认识到融合过程中的瓶颈和障碍,进而提出具有针对性的改进措施。这些研究不仅有助于发现机制运行中的漏洞和短板,更能为政府和企业提供有力的决策依据,推动机电产业与其他产业实现更深层次的融合。

(一)行业标准及相关法规不明确,市场秩序仍有待规范

厦门工博会作为机电产业交流与发展的重要平台,在推动产业融合与创新方面发挥了积极作用。然而,目前厦门工博会在行业标准及相关法规方面仍存在不明确之处,市场秩序有待进一步规范。

技术法规与标准体系的差异成为制约展会效果的一大障碍。在厦门工博会的交易现场,展商和客商常因产品生产标准、管理制度、质量检测以及法律法规等方面的不同而产生分歧。这不仅影响了企业间的友好合作氛围,更可能阻碍机电产业的深度融合发展。更为严重的是,这种模糊混乱的规章制度可能使海外企业对厦门工博会的专业性产生怀疑,进而损害其在业界的形象和声誉。

此外,外商在进入中国市场时,由于缺乏完善的规章制度作为依据,可能存在法律上的漏洞。这使得一些外商有机会钻法律的空子,给市场

秩序带来不稳定因素。厦门工博会作为海内外产业交流的桥梁，本应促进产业结构的优化重组，但当前法规的不完善却可能成为阻碍。

值得关注的是，制造业作为厦门工博会的重要参展领域，其产业集聚水平与环境污染问题密切相关。随着制造业的快速发展，空气污染、噪声污染、水污染等问题日益凸显，对当地人的居住环境产生了严重影响。因此，在推动机电产业融合发展的同时，必须充分考虑环境保护问题，确保产业发展与生态环境相协调。

同时，外商的不同观念和管理方式也可能带来一系列问题。例如，劳资纠纷、恶意挤压当地中小型企业等现象时有发生。这不仅影响了当地经济的健康发展，也损害了厦门工博会的国际形象。

综上所述，为了推动厦门工博会及机电产业的持续健康发展，必须加快完善行业标准及相关法规，规范市场秩序；加强环保监管，确保产业发展与环境保护相协调；同时，加强与外商的沟通与合作，共同推动机电产业的深度融合与发展。

（二）周边地区"虹吸效应"显著，福建对外企吸引力减弱

如表8-2所示，从营商环境和子环境均衡度来看，北京、上海、广东整体表现优异，展现了我国超一线城市应有的水平。但浙江、安徽、福建的子环境均衡度较差，与其营商环境排名较为不符，出现了倒挂现象。福建则是由于人文环境得分优异，拉动了其他三项的分数，可见福建营商环境较为不均衡。

表 8-2　2020 年中国内地省份营商环境排行榜前 15 强

省份	营商环境 总序	总分	子环境均衡度 排序	标准差	市场环境 排序	得分	政务环境 排序	得分	法律政策环境 排序	得分	人文环境 排序	得分
北京	1	78.23	1	1.00	1	80.03	3	66.92	3	89.68	3	78.70
上海	2	76.95	1	1.00	3	53.90	1	77.22	1	95.90	1	88.02
广东	3	68.69	4	2.08	2	56.61	5	64.63	7	82.99	4	77.71
四川	4	67.53	3	1.50	6	48.41	4	64.89	4	87.85	7	69.18
江苏	5	63.20	13	4.04	4	53.58	13	53.62	8	81.89	5	70.93
重庆	6	60.95	14	4.08	16	38.38	7	61.28	9	79.97	8	68.58
浙江	7	60.68	22	7.04	5	49.21	6	61.84	18	66.49	2	80.73
安徽	8	59.27	27	9.87	12	40.38	26	44.11	2	93.88	12	61.48
山东	9	59.26	10	3.70	7	44.73	14	53.47	10	79.29	15	59.35
贵州	10	58.11	30	11.03	28	31.66	2	70.30	15	69.38	21	50.57
河南	11	57.15	6	2.50	8	43.77	12	55.53	14	70.47	11	62.11
海南	12	55.27	18	5.25	13	39.03	15	53.28	13	74.45	24	43.39
江西	13	54.54	12	4.03	18	38.09	21	47.60	12	76.66	14	60.78
福建	14	54.36	19	5.26	14	38.49	18	51.69	16	69.37	6	70.23
云南	15	54.13	31	11.35	30	28.69	20	50.13	5	85.35	28	34.62

数据来源：北大光华管理学院研究简报

从市场环境来看，北京得分 80.03，远超其他省份，可见北京的市场集中度较低，尤其是在高新技术领域，竞争壁垒较为隐形，企业发展空间大，生存环境好。上海、广东、浙江、江苏的排名均进入了前 10，得分在 50～60 区间，水平差距较小。反观福建，得分 38.49，体现出福建的市场开放度较差、市场活力较低。

从政务环境来看，上海得分 77.22，居于第 1 位。上海以企业获得感为评价标准，推进"一网通办""一网统管"，加快政府转变智能，为企业打造了更便利开放的政府服务。北京、广东、浙江也进入了前5名，政务服务较为简洁便利。福建得分51.69，与上海差距较大，排名为第18名，这表明福建还需加强建设政务环境。

从法律政策环境来看，北京、上海、广东、江苏，安徽均位于前10，上海得分95.90，位列第1。安徽得分93.88，位列第2，这也显示出其营商环境总分较高的一大原因。由此可知，安徽的法律政策相对较好，市场竞争更加公平有序。福建得分69.37，排名16，还有很大的进步空间。

从人文环境来看，北京、上海、广东、浙江、江苏、福建的得分都较高，其中上海位居88.02，位居首位。福建得分70.23，排名第6。得益于地理禀赋，沿海城市的交通更为便利，对外开放政策更易落实，因而人文环境得分普遍较高。相较于其他指标，福建在人文环境方面差距较小。

综上所述，在四个子环境评测中，上海取得了三次第1，北京、广东、江苏、浙江紧随其后。福建的优势在于人文环境，但在面对长三角和珠三角地区时，其地理优势不再明显。北上广、江浙沪在优异营商环境的支撑下，将会吸引大量企业投资。市场资源利用效率不断提升，大量生产要素的活力被释放，经济飞速发展，人口、资源、资金开始纷纷流入该区域，在同一时空中形成了集聚，从而诱发"虹吸效应"[①]。在"虹吸效应"的作用下，福建对企业的吸引力将会减弱。同时，具有"虹吸效应"的地区的展会自带超级流量，对相关人流人脉资源吸力较大。因

---

① 经济学中的虹吸效应指的是经济活动产生的强大吸引力，犹如龙卷风一般，对周边个人、集体或国家产生深远影响。在区域经济发展的背景下，由于城市间的发展梯度差异，导致了生产要素从中小城市单向流向中心城市的现象。这种效应不仅作用于局部，更会影响整个经济系统，引发一系列连锁反应，从而进一步扩大其影响范围和程度。

此，厦门工博会需要灵活调整举办时间，主动规避"撞车"风险。

如图8-7所示，北京和天津的科技创新发展指数分别为0.7309和0.3843，作为京津冀经济圈的代表城市，位列前10，均展示了不俗的成绩。同时，北京连续多年排名第一，创新发展指数远超其他城市。此外，在前20位的城市中，有12座城市来自长三角或珠三角地区，分别是深圳、上海、苏州、杭州、南京、广州、合肥、珠海、无锡、芜湖、佛山、宁波。而福建的代表城市厦门仅排到了20位，创新发展指数为0.3118，不足北京或深圳的二分之一。由此可见，福建地区在创新资源、创新环境、创新服务、创新绩效方面落后于长三角、珠三角以及京津冀地区。

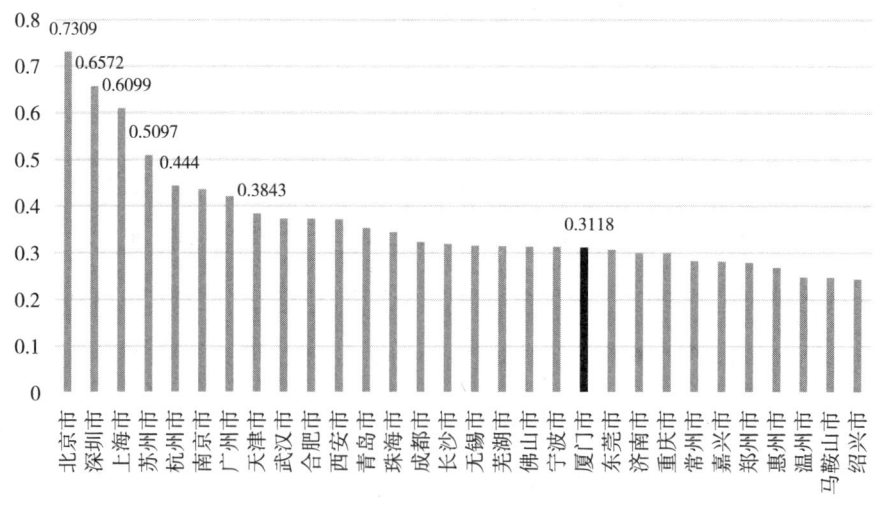

图8-7 2023年中国城市科技创新发展指数30强[①]

综上所述，在长三角和珠三角地区的"虹吸效应"的影响下，福建对外企的综合性吸引力不足。同时，京津冀地区拥有较强的科研和教育

---

① 数据来源：首都科技发展战略研究院官方数据。

实力，相较之下，福建的自主创新以及基础科学能力较弱，对外企的科技拉动作用不显著。

（三）国际贸易环境受到多因素影响，国际市场不断被蚕食

根据中国海关总署统计数据显示，2023年全年中国机电产品累计出口额13.92万亿元，在2022年高基数上同比增长2.9%，两年平均增速为3.5%，占中国货物出口总额的58.6%。[①] 其中，美国是我国机电产品的主要出口市场。

美国商务部经济分析局统计，2023年11月，美国累计进口机电产品1400.4亿美元，同比增长5.9%，其中来自中国进口额同比下降增长2.9%，较2021年和2022年同期分别下降1.1个和1.63个百分点。[②] 与此同时，美国从墨西哥、韩国、越南等国家进口的机电产品份额有着明显上升。美国机电产品自中国进口呈下行趋势，进口额同比连续两个月下降。11月，墨西哥超过中国，成为美国机电产品进口首位。这代表着我国机电产品的主要出口市场份额持续降低，机电产业国际市场受到较大冲击。

世界贸易摩擦不断增多。其一，新兴经济体对我国提出的贸易救济调查案件不断增多；其二，发达经济体在高技术领域和新兴行业的新规频出，尤其美国对中国采取了企业列入实体清单，限制技术转让，器械销售，出口管制等一系列制裁措施，意图限制中国半导体产业和高新技

---

① 海关总署.2023年全年中国主要机电产品进出口数据出炉［EB/OL］.（2023-12-15）［2024-06-18］.https://baijiahao.baidu.com/s?id=1788407426292736164&wfr=spider&for=pc.
② 中国机电产品进出口商会.2023年我国机电产品出口19787亿美元［EB/OL］.（2023-12-13）［2024-06-18］.https://www.cccme.org.cn/news/details.aspx?id=501DD90D51F654DA91A01193451470EA&classid=73DE9790C2E56969&xgid=F868932F64EB7AAF.

术产业的发展。其三，欧盟引入碳边境调节机制势必对中国相关产品出口带来更多不确定性。

总而言之，中国的国际贸易环境以及展会生存环境受到新兴经济体和发达经济体的双重挤压。一方面，欧美国家的贸易保护主义不断蔓延，采用贸易壁垒、碳关税、设立国际新规等方式阻止中国产品进入国际市场，导致中国价值链上游产品市场受限。同时，中国在产品生产加工等方面的优势减弱，价值链下游市场逐渐被东南亚、南亚等发展中国家所蚕食。另一方面，面对欧美国家专业化的展会以及新兴经济体更具优势的展会招商招展措施，厦门工博会进一步往国际化拓展将受到较大限制。

三、厦门工博会深化机电产业融合发展的机制优化对策

通过深入探索并优化融合机制，能够更有效地推动机电产业与其他产业的深度融合，从而促进产业结构的升级与转型。这些优化对策旨在解决当前融合过程中所面临的问题和挑战，旨在提升融合效率，进一步激发机电产业的创新潜力和竞争优势。实施这些对策，不仅将增强厦门工博会在促进机电产业融合发展中的积极作用和影响力，更能为机电产业的可持续发展注入新的活力，推动区域经济的繁荣与可持续发展。

（一）创立行业组织协会，协助政府完善相关法律法规

创立机电产业协会，可以共同商定一种合适的标准体系并对本行业产品质量进行监督。行业内企业也会按照这个标准进行生产，有利于企业合作顺利开展。同时，基于行业协会的组织力量，可以将环境保护的理念贯彻到行业内，提升企业环境保护意识。另外，行业协会作为政府

与企业之间的沟通桥梁,可以协助政府政策的制定与落实。行业协会可以将协会内成员的诉求反映给政府,政府据此灵活调整行政法规和有关法律,以保证本行业的持续健康发展。

政府应健全环境保护的规章制度,对企业生产的不规范行为进行严厉打击。同时,设立专门的监督机构,对企业进行抽查。鼓励其他企业或群众对违规企业进行检举并设立奖金报酬,共同维护行业市场秩序。另外,对于劳资纠纷问题,政府可以设置法律援助机构,保护员工基本权益,促进行业良性发展。

(二)福建应加强软硬件水平建设,加快数字化转型升级

从软环境来看,福建可以采取以下措施:其一,福建应积极落实"惠企利民"的政策措施,优化城市营商环境,加快产业转型升级,吸引外资入闽。这有助于为企业创造更加稳定和有利的发展环境,促进经济的持续增长。其二,政府与民众通力协作,将关键治理与精细治理、创新导向治理与生活导向治理相结合,营造一个规范自由的城市治理格局。这有助于提高城市治理水平,增强民众的获得感和幸福感。其三,政府应加快转变政府职能,建设服务型政府,提高政府机关办事效率,规范市场经济行为,为市场资本流通提供后勤保障作用。这有助于增强政府的公信力和服务能力,为企业和民众提供更加便捷、高效的服务。其四,福建具有独特的"拼搏奋斗"的精神品格,"爱拼才会赢"成为福建人的代名词。借助会展活动等各类媒介,发挥地缘文化的情感纽带作用,塑造难以抗拒的城市文化吸引力。这有助于提升福建的文化软实力,增强城市的品牌形象和吸引力。

从硬环境来看，数字化转型是我国制造业提高产品质量和生产管理效率的重要途径。因此，福建应积极建设以数字化为依托的基础设施环境，以支持制造业的数字化转型和发展。其一，围绕新时代数字福建建设，着力构建"数据+服务+治理+协同+决策"的政府运行新模式，强化营商环境建设信息化支撑，打造能办事、快办事、办成事的"便利福建"，为全方位推进高质量发展超越提供有力支撑[1]。其二，实施中小企业数字化赋能行动。推行普惠性"上云用数赋智"服务，为中小企业提供数字化转型的指导和支持。实施工业互联网创新发展工程，建设数字化公共服务平台，为机电产业提供更加便捷、高效的服务。推进区域机电产业创新基地建设，促进产业集聚和产业链协同。其三，加强公共数据汇聚共享应用。坚决打破信息孤岛、数据壁垒，打造数据共享体系，促进数据资源的有效利用。通过数据共享和应用，提高政府决策的科学性和精准性，为企业提供更加精准的服务和支持。

（三）加快经济低碳转型，补齐"科技创新"短板

面对欧美国家所设立的碳关税，政府和企业应采取一系列措施应对。一方面，政府应鼓励企业加快转变经济发展方式，攻坚克难，提升低碳节能技术。将绿色技术应用于生产过程中，提高出口产品的附加值，促进制造业绿色转型升级。政府还可以设立碳基金，对企业绿色技术创新给予奖励和金融支持，引导全行业绿色发展。这将有助于激发企业进行绿色技术创新的积极性，推动产业绿色发展。另一方面，我国应团结发展中国家，积极参与国际环境公约、碳排放标准等规则的制定。增强发

---

[1] 发展研究期刊编辑部. 再立潮头谱新篇 开创数字福建建设新局面[J]. 发展研究，2022，39（3）：17—25.

展中国家在全球气候治理上的话语权,防止碳关税演变成绿色贸易壁垒。这将有助于维护我国和发展中国家的利益,推动全球气候治理朝着更加公正、合理的方向发展。

我国机电产品面临的最主要的困境是缺乏核心技术,容易受到欧美国家的技术封锁。因此,福建应采取积极措施来应对这一困境。例如:①强化自身产业链,福建应加强自身产业链的整合和优化,提高产业链的完整性和竞争力。通过加强与上下游企业的合作,形成产业集群,提高产业链的整体效率和竞争力。②补齐"科技创新"短板,福建应加大科技创新的投入和力度,提高科技创新能力。通过加强科研机构、高校和企业之间的合作,推动科技创新和成果转化,提高机电产品的技术含量和附加值。③福建应积极与境外高新技术企业合作,利用其技术优势和品牌影响力,推动机电产品的研发和生产。同时,福建还应加强与国际技术研发机构的合作,引进先进技术和管理经验。④瞄准外企"集成电路、精密机械、太阳能光"等重点领域,福建应加强对这些领域的关注和研究,积极与外企合作,推动相关技术的研发和应用。通过与外企的合作,福建可以获得更多的技术支持和市场资源。⑤加强境内外高新技术园区对接,福建应加强与境内外高新技术园区的合作和交流,推动产业协同发展。通过共建产业研发基地、科技创新平台、产业研发联盟等方式,促进技术交流和合作,推动机电产业的协同发展。⑥实施创新驱动协同发展,福建应坚持创新驱动发展战略,推动机电产业的协同创新和发展。通过整合产业技术研发体系,加强产学研合作,推动自主知识产权的研发和应用,提高机电产品的核心竞争力。

四、本章小结

如今，厦门工博会已成为机电产业合作的重要信息平台。本章以厦门工博会为例，采用文献综述法研究会展活动的影响机制，深入剖析会展活动影响机制存在的问题，并提出相应的优化对策。通过对厦门工博会与产业融合发展的实际例子进行分析，形象地展示了会展活动影响机制的问题所在以及会展活动影响机制发生作用的过程。目前，虽然有少数文献对会展活动影响机制进行了研究，但研究不够全面，因此本章在收集专业性文献和相关资料方面存在不足，文章内容的实践基础不够，有待检验。随着会展业的不断发展，对会展活动影响机制的研究也将不断增加。希望未来有更多的学者能够对会展活动影响机制进行更全面的剖析，以解决将来会展活动影响机制存在的问题与不足。

第九章　会展深化民间艺术产业融合发展的机制：以"指掌春秋——闽台木偶艺术展"为例

随着全球化的深入发展，国家间的文化交流日益频繁，文化产业的重要性也日益凸显。木偶艺术展作为文化交流的重要窗口之一，一直致力于推广和发扬民间文化艺术。通过展示传统文化、创新设计等方式，木偶艺术展不仅能够丰富人们的文化生活，同时也促进了民间艺术产品的融合发展。因此，本章旨在探究木偶艺术展对民间艺术产品融合发展的影响机制，以期为民间艺术产业的发展提供参考。

木偶艺术展是一个展示民间艺术的舞台，通过传承和发展民间文化艺术，进一步推动民间艺术产业的融合发展。本章的意义在于探究木偶艺术展深化民间艺术产业融合发展的影响机制，从而合理构建民间艺术产业融合的影响机制，并结合闽南木偶戏的发展现状，为其实现产业融合探索可行路径。以期为促进民间艺术产业融合的发展提供理论和实践指导，同时为民间艺术产业的发展提供参考和借鉴。

一、"指掌春秋——闽台木偶艺术展"深化民间艺术产业融合发展现状

（一）"指掌春秋——闽台木偶艺术展"

福建木偶戏，作为中国传统戏剧史上不可多得的艺术瑰宝，源远流长，内容丰富，体系成熟。历经千年发展，与当地戏曲音乐、宗教文化、民俗活动和民间工艺相融合，形成了独树一帜的戏剧文化和艺术风格。[①]

"指掌春秋——闽台木偶艺术展"（简称"闽台木偶艺术展"）是福建推出的原创性展览，属于"民俗类"展览。该展览对木偶戏的源流发展、艺术特色、传承创新等方面进行了全面的展示。作为一个比较成熟的原创性展览，自2014年开始进行馆际交流巡回展出，至2022年下半年，共在云南、河北、山西、浙江、河南等地区展出约30场，得到了观众朋友们的广泛喜爱和普遍认可。2019年，"指掌春秋——闽台木偶艺术展"荣获福建十大陈列展览精品展。

1.发展现状

闽台木偶艺术展是文化交流的重要组成部分，是民间文化交流的重要平台之一。该艺术展以木偶为主题，涵盖了木偶展览、木偶表演、木偶制作等多个环节，旨在展示民间文化和艺术特色。

作为一种非物质文化遗产，木偶艺术具有独特的艺术特色和文化价值。作为一种具有丰富表现形式的传统艺术，木偶艺术已经有几百年的历史。而闽台木偶艺术展以传承和弘扬传统木偶文化为宗旨，同时注重

[①] 扬子晚报.常州博物馆"指掌春秋——闽台木偶艺术展"开展［EB/OL］.（2024-01-20）［2024-01-20］.https://baijiahao.baidu.com/s?id=1788608076579494757&wfr=spider&for=pc.

木偶艺术的现代化发展，通过多种形式的展示和演出来推广和传播木偶文化。

闽台木偶艺术展已经成为具有一定规模和影响力的文化交流活动，并逐渐成为文化产业发展的重要组成部分。通过参与这一艺术展，相关的文化从业人员可以汲取新的艺术灵感和技术经验，创新产品和服务，提高文化产业的竞争力和市场影响力，推动文化产业的发展壮大。目前，闽台木偶艺术展作为一个文化交流和学习平台，促进了文化的融合和交流，增进了人民之间的感情和了解。

2. 活动内容与形式

闽台木偶艺术展的活动内容和形式主要包括以下几个方面：一是木偶展览。展览汇集了传统木偶和现代木偶作品，通过展示木偶艺术的丰富形式和艺术价值，让观众深入了解木偶艺术的魅力。二是木偶表演。表演形式多样，包括传统木偶戏、现代木偶戏、木偶儿童剧等，演出内容丰富，既有经典剧目，也有新编创作。观众可以在现场欣赏到精彩的木偶表演，感受木偶艺术的独特魅力。三是木偶制作。制作环节包括传统木偶和现代木偶的制作工艺，通过展示木偶制作的工艺技术和制作流程，让观众了解木偶艺术的制作过程和技巧。四是论坛和研讨会。论坛和研讨会是闽台木偶艺术展的重要组成部分，为从业者和爱好者提供一个交流和学习的平台。在这个环节中，专家学者、艺术家们将探讨木偶艺术的发展和创新，分享经验和见解，推动木偶艺术的进一步发展。

（二）闽台木偶艺术展与交流

1. 交流与合作

闽台木偶艺术展是文化交流的重要平台之一。通过闽台木偶艺术展的举办，民间文化得到了深入的交流和了解，促进了文化的融合和发展。同时，闽台木偶艺术展还为文化产业合作提供了机会，促进了文化产业的融合和发展。近年来，海内外木偶文化交流越来越频繁，交流合作的形式和内容也越来越多样化。

闽台木偶艺术展是文化交流的重要平台之一。通过这一平台，民间文化得以深入交流和了解，进一步促进了文化的融合与发展。此外，闽台木偶艺术展还为文化产业合作提供了机会，推动了文化产业的融合与发展。近年来，随着海内外木偶文化交流的日益频繁，交流合作的形式和内容也愈加多样化。

2. 交流成果与影响

闽台木偶艺术展的举办为木偶文化交流带来了丰硕的成果和积极的影响。一方面，木偶文化得到了充分的交流和传播，传统木偶文化得到了保护和传承，现代木偶艺术得到了创新和发展；另一方面，闽台木偶艺术展也促进了经济、文化和社会的发展，推动了合作和交流。

闽台木偶艺术展的举办为木偶文化交流带来了丰硕的成果和积极的影响。一方面，木偶文化得到了充分的交流和传播，传统木偶文化得到了保护和传承，现代木偶艺术得到了创新和发展；另一方面，闽台木偶艺术展也促进了经济、文化和社会的发展，推动了合作与交流。

(三）闽台木偶艺术展与民间艺术产业融合

闽台木偶艺术展的成功举办不仅仅是一次艺术展览，更是一个文化交流和民间艺术产业融合的平台。从展览内容和形式、展览的交流和合作，以及展览对民间艺术产业的融合发展的影响机制等方面来看，闽台木偶艺术展已经深度融合了民间艺术，为文化的交流合作注入了新的活力。

闽台木偶艺术展的成功举办，其意义远超过了一次普通的艺术展览，它更是一个文化交流与民间艺术产业融合的重要平台。从展览的内容和形式、展览中的交流与合作，到展览对民间艺术产业融合发展所产生的影响机制，都充分展现了闽台木偶艺术展与民间艺术的深度融合。这种融合不仅为文化的交流合作注入了新的活力，也为民间艺术产业的创新发展提供了有力支持。

1. 产业链拓展

闽台木偶艺术展不仅是文化艺术的盛会，更是民间艺术产业的交流与融合。在展览过程中，海内外文化交流得到了进一步的推动，民间艺术产业的融合发展也得到了有力的推动。

闽台木偶艺术展为民间艺术产业的拓展提供了良好的机会。随着文化交流的不断深入，民间艺术产业的融合也得到了不断的推动。作为一种具有代表性的民间艺术形式，木偶艺术不仅仅是一种传统艺术形式，更是一种具有现代意义的创意产业。在展览过程中，民间艺术产业得到了有力的拓展，推动了民间艺术产业的融合发展。

2. 跨界合作与创新

闽台木偶艺术展不仅为木偶文化提供了一个展示平台，更为民间文化的交流搭建了桥梁。在展览期间，木偶制作和表演者得以相互交流，共同探讨木偶文化的发展方向。这种文化交流为不同地区的文化产业带来了新的合作机会。

在此基础上，跨界合作与创新成为推动木偶文化发展的重要途径。跨界合作有助于促进文化的融合，为文化产业带来更多的合作机遇。木偶制作和表演者可以携手进行跨界合作，结合各自的特点和优势，共同推出更具创新性的作品。此外，还有一些潜在的合作机会。例如，将木偶文化与电子游戏相结合，推出具有中国特色的游戏产品，以吸引年轻一代的消费者。同时，还可以将木偶文化融入现代舞台剧、电影等文艺作品中，打造现代化、多元化的艺术形式，以吸引更广泛的受众。通过这些合作与创新，我们可以进一步推动木偶文化的传承与发展，丰富民众的文化生活，并为文化产业的发展注入新的活力。

在跨界合作与创新方面，可以尝试利用科技手段为木偶艺术注入新的元素。例如，通过增加投影、VR等技术的应用，提高观众的视觉体验。此外，我们还可以探索如何将木偶艺术与当下热门的智能音箱、智能家居等技术相结合，打造出更加生动有趣的产品。同时，通过多样化的展示形式，如木偶设计比赛、木偶文化主题漫画等，可以激发创意，为木偶文化的创新提供更多可能性。这些尝试将有助于推动木偶文化的传承与发展，为文化产业注入新的活力。

总之，闽台木偶艺术展在促进民间艺术产业的融合发展方面起到了重要作用。而产业链拓展和跨界合作与创新是推动其进一步发展的重要途径。未来，我们可以通过加强文化传承、扩大市场渠道、增加创新元素等方式，为闽台木偶艺术展及民间艺术产业的发展注入新的活力，推动文化交流的持续深入。

二、闽台木偶艺术展深化民间艺术产业融合的具体机制

通过深入研究闽台木偶艺术展深化民间艺术产业融合的具体机制，能够更深入地理解和把握闽台木偶艺术作为民间艺术产业的独特价值和巨大潜力，从而进一步挖掘和传承这一传统艺术形式的精髓。机制优化不仅能够推动闽台木偶艺术展与民间艺术产业的深度融合，实现资源共享、优势互补，更能促进传统艺术与现代科技、市场需求的有机结合，为民间艺术产业注入新的活力与创意，焕发其勃勃生机。

（一）闽台木偶艺术展的民间艺术保护机制

1. 文化遗产保护

闽台木偶艺术展的民间艺术保护机制为展会提供了重要支撑。通过文化遗产保护和传统技艺传承等活动，闽台木偶艺术展促进了木偶文化的传承和发展，保护了这一传统民间艺术的历史价值和文化内涵。因此，闽台木偶艺术展开展了一系列保护文化遗产的活动，包括木偶文化遗产展、木偶文化研讨会、木偶展演等。这些活动提升了公众对木偶文化的认知和了解，并带动了木偶艺术的传承和发展。此外，闽台木偶艺术展加强了木偶文化遗产的保护合作。福建省木偶文化遗产展示馆和台湾省木偶文化遗产博物馆开展了多次交流合作，共同保护和传承木偶文化遗产。

从 2006 年开始，为推进福建木偶戏的传承保护，相关社区、群体和代表性传承人以培养传承人为主要目标，制订了 2008 年至 2020 年"福建木偶戏后继人才培养计划"。该计划希望通过系统的专业训练，培养新一代木偶戏从业者，提高福建木偶戏的内在存续能力；通过整体性保护，

培育潜在的木偶戏欣赏者,改善福建木偶戏的生存环境。①

2.传统技艺传承

传统技艺传承是木偶文化保护的关键,因此闽台木偶艺术展开展了一系列传承活动。例如,木偶技艺大师传艺、木偶制作工作坊、木偶艺术家论坛等。这些活动为年轻一代传承木偶文化技艺提供了平台,并通过制作木偶展示了传统技艺的精髓。同时,加强了木偶文化传统技艺的交流合作,共同探讨传统技艺的保护和发展。闽台木偶艺术展的民间艺术保护机制如图9-1所示。

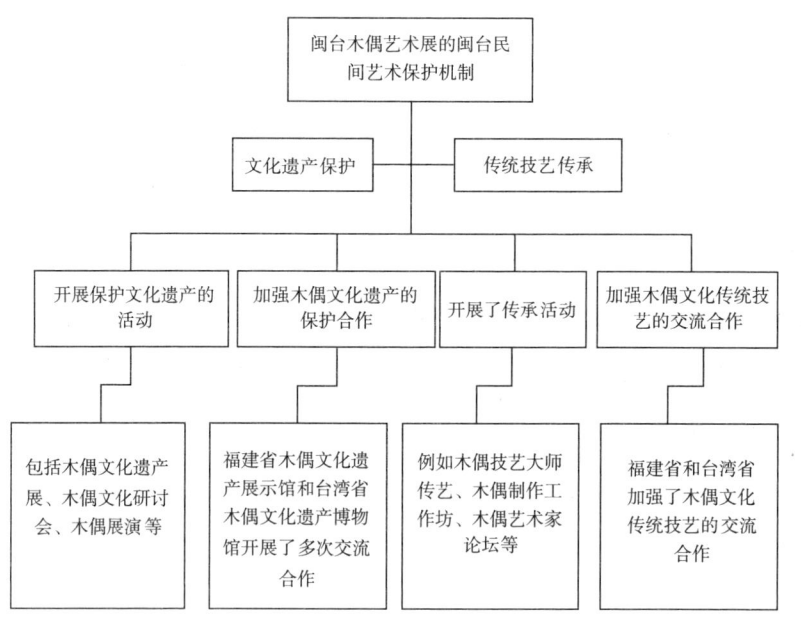

图9-1 闽台木偶艺术展的民间艺术保护机制

---

① 赵蔚侠.借助非遗力量传播民间美术——以福建木偶戏为例［EB/OL］.（2023-07-31）［2024-01-10］.https://www.ihchina.cn/Article/Index/detail?id=27858.

这些活动也为展会提供了丰富多彩的内容和展品，吸引更多观众的参观和了解，提升了闽台木偶艺术展的影响力和美誉度。因此，闽台木偶艺术展的民间艺术保护机制不仅具有保护文化遗产和传承传统技艺的功能，也为展会的发展提供了重要支撑和创新空间。

（二）闽台木偶艺术展的民间艺术传播机制

1. 传统与现代传播方式的结合

通过结合传统与现代传播方式，闽台木偶艺术展有效地扩大了木偶文化的传播范围和影响力，吸引了更多观众和爱好者的关注和参与。对文化传播效果的评估可以为展会组织者提供反馈，帮助他们更好地调整展览策划和管理，提升展览的质量和效果。

在传统传播方面，闽台木偶艺术展利用电视、报纸、广播等传统媒体，以及地方传统宣传渠道，如村庄广场、街头巷尾、民俗展览等，来传播木偶文化的知识和精神，让更多人了解和认识闽南木偶文化。此外，闽台木偶艺术展还与民间文化团体紧密合作，通过民间文艺演出、宣传海报等方式，在社区和城乡进行广泛宣传。

在现代传播方面，闽台木偶艺术展运用了互联网、社交媒体、移动应用等新兴数字化传播手段，以及数字化展览和线上交流活动等方式，将木偶文化推向全球范围内的观众和爱好者。通过这些数字化平台，观众可以在互联网上观看与木偶文化相关的视频、图像和文献等资料，与闽台木偶艺术展进行在线交流，为区域与民族木偶文化的传播和发展开辟了新的途径。

2. 文化传播效果评估

评估数据为政府和社会组织提供了有关木偶文化传播和发展的重要信息，有助于推动民间艺术产业的发展和融合，促进文化交流和合作。因此，闽台木偶艺术展的民间艺术传播机制不仅具有传统与现代相结合的特点，也为展会的功能提供了重要支撑和发展空间。闽台木偶艺术展的民间艺术传播机制如图 9-2 所示。为了更好地评估闽台木偶艺术展的传播效果，展览组织者需要进行有效的评估和监测。

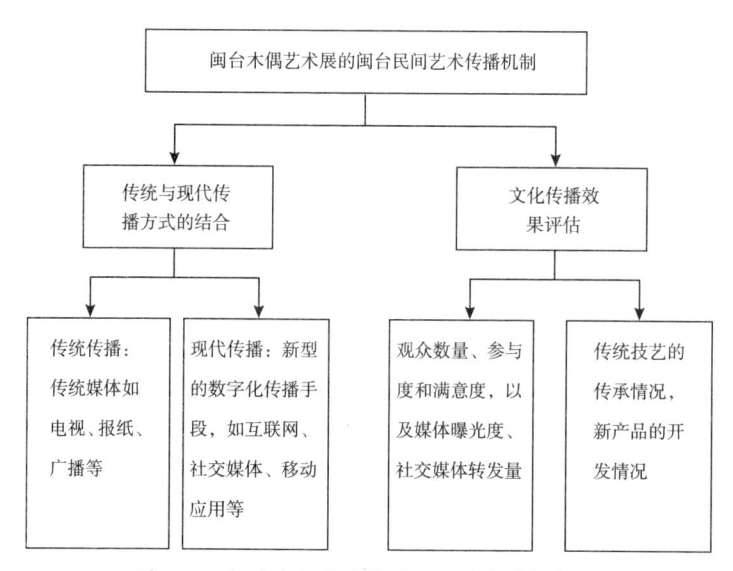

图 9-2 闽台木偶艺术展的民间艺术传播机制

评估的方法和指标应该多样化，包括展览的观众数量、参与度和满意度，以及媒体曝光度、社交媒体转发率等。此外，评估还应该考虑到木偶文化的传承和发展情况，如传统技艺的传承情况、新产品的开发情况等。

评估的结果可以为展览组织者提供反馈信息，以便他们能够更好地调整展览策划和管理，提高展览的质量和效果，同时，评估结果也可以为政府和社会组织提供有关木偶文化传播和发展的重要数据，为制定相关政策和规划提供参考。

（三）闽台木偶艺术展的民间艺术创新机制

1. 创新理念与技术应用

在当前科技迅速发展的时代，创新理念和技术应用已成为推动社会进步和经济发展的重要动力。在闽台木偶艺术展的发展过程中，创新理念和技术应用的运用也起到了至关重要的作用。

闽台木偶艺术展不仅是一次展示传统木偶艺术和创意产品的展览，更是一次推动民间艺术发展和文化交流的平台。在传统木偶艺术的基础上，闽台木偶艺术展引入了现代科技手段，创造出了多种具有创新性的表现形式，如以木偶为主题的短视频、网络直播等。这些新颖的表现形式吸引了更多年轻观众的关注和参与，使木偶艺术在新一代人中得到了更广泛的传播。在木偶制作技艺上，闽台木偶艺术展的传承者们也开始尝试借鉴现代科技手段，如3D打印技术、激光雕刻技术等，来提升木偶的精度和质量。这种技术应用的运用不仅提高了木偶艺术的制作水平，也使得传统木偶艺术得到更好的保护和传承。另外，闽台木偶艺术展的组织者们还开始探索利用人工智能技术来提升闽台木偶艺术展览的互动性和趣味性。他们利用人工智能技术和感应器，制作出了可以和观众互动的木偶，吸引了更多观众的参与和关注。

创新理念和技术应用是推动木偶艺术发展的重要因素，只有不断探索新技术，将现代科技与传统木偶艺术相结合，才能不断提升木偶艺术的魅力和传播力，为民间艺术产业的发展注入新的活力。

2. 创意产品开发

随着社会发展和文化变革，传统的木偶艺术形式需要不断创新和变革才能适应现代社会的需求。在闽台木偶艺术展的创意产品开发中，创新设计是关键。创意设计是指通过对产品或服务功能、外观、材料、色彩、风格、文化、故事等方面的研究和创新，从而产生出一种新颖独特的、具有市场竞争力的产品或服务。

传统木偶艺术与现代文化融合，为观众带来新颖的文化体验。在闽台木偶艺术展中，创意产品开发的关键在于如何将传统的木偶艺术形式与现代的设计理念相结合，从而创造出适应现代人审美需求的新型木偶艺术品。这需要设计师具备深厚的文化素养和创意能力，同时需要与传统木偶工匠和木偶艺术家进行深度合作，挖掘和发掘木偶文化中的精髓和内涵，通过现代化的设计手法和工艺手段，将其转化为新型的木偶艺术品。

（三）闽台木偶艺术展的民间艺术产业融合链机制

1. 产业链协同发展

闽台木偶艺术展的成功举办，需要民间艺术产业的全面融合与协同发展。产业链协同发展和产业政策的支持与引导，是推动民间艺术产业融合的重要手段。通过产业链的协同发展，不仅能够提高民间艺术产业的整体水平和竞争力，也能够为闽台木偶艺术展的规模和质量提供更多的支持和保障。可以通过联合木偶制作厂家、文化企业、旅游机构等产业链上下游企业，形成产业联盟，推动民间艺术产业的协同发展，提高闽台木偶艺术展的影响力和市场竞争力。此外，还需要加强人才培养和引进，提高民间艺术产业从业人员的素质和能力，为民间艺术产业的可持续发展提供强有力的人才保障。

2. 产业政策支持与引导

政策支持和引导可以为民间艺术产业的发展提供良好的政策环境和氛围，进一步促进民间艺术产业的协同发展。展会不仅是推动民间艺术产业融合的平台，也是展示民间艺术成果和推动文化交流的重要载体。可以通过政策扶持、优惠政策等方式，推动民间艺术产业的发展和融合，形成政策环境和氛围，促进闽台木偶艺术展的持续发展。

三、闽台木偶艺术展深化民间艺术产业融合的机制问题

（一）文化发展不平衡问题

尽管文化作为交流的重要组成部分，具有悠久的历史和独特的文化内涵，是中华文化中一颗璀璨的明珠。然而，由于历史和地理等因素的影响，海内外文化的发展存在不平衡问题。

在经济较发达的地区，有着较为完善的文化体系和高质量的文化活动，文化在这些地区更容易得到传承和发展。而海外的经济和资源相对较为有限，文化交流受到一定限制。其次，不同地区的民众对文化的认同度和接受程度也存在不同。由于历史、地理、社会、经济等多种因素的影响，不同地区的民众对文化的认同度和接受程度存在差异。最后，文化产业发展的不平衡。随着文化产业的蓬勃发展，文化产业也呈现出国内地区的文化产业日益壮大，而海外地区的文化产业则相对单薄的趋势。这种不平衡的发展趋势，也对民间艺术产业的融合和发展产生了重

要影响。

面对文化的发展不平衡问题,需要加强文化交流和合作,破除历史等因素的障碍,促进文化的全面发展和繁荣,从而使文化产业融合得以真正实现。

(二)文化融合创意匮乏

文化的融合是交流合作的重要方向之一,其目的是促进文化产业的融合发展和文化交流的深入。创意是创造力和创新性的结合体,它是在特定背景中产生新的、有用的和独特的想法或概念的过程。在文化传承和融合发展中,创意结合了文化的特色和创新的元素,将传统文化融入现代生活中,创造出新时代下的文化符号、品牌和产品等。然而,在文化的融合过程中,创意匮乏是一个影响其全面发展的重要问题。

文化的融合缺乏深度和多样性。尽管海内外文化在历史、地理、人文等方面存在差异,但这些差异不应成为阻碍其融合的障碍。然而,在文化实际融合的过程中,双方存在传承方式、文化组成、思想观念等方面的差异,文化包容性不强等,且缺乏交流与理解等问题,导致文化创意匮乏,缺乏新颖的创意和多样性。

文化融合的创意匮乏还表现在缺乏独特的文化品牌和文化符号。文化的发展受到其他文化的影响,同时也要注重传承和发展自己的独特文化。然而,在文化融合的实践中,一些文化品牌和符号缺乏独特性和创意性,难以持续吸引和影响消费者。

文化融合的创意匮乏也存在于文化产品的制作、运营等方面。创意是文化产业发展的重要动力,而文化产品的制作和运营更需要注重创意,将文化与商业有机结合。然而，由于创意匮乏，文化产品的创意性不足，运营模式缺乏创新等问题，导致其发展受限。

为了解决文化融合创意匮乏问题，需要适应市场需求和时代发展要求，注重文化产业的创新和创意。通过建立合理的机制和渠道，推行更加灵活和前瞻性的融合模式。同时，在文化产品制作和运营中加强创新和创意，发挥文化产业的经济和社会效益，并为文化交流注入新的活力。

四、闽台木偶艺术展深化民间艺术产业融合的机制优化对策

经过前文的阐述和分析，可以得知闽台木偶艺术展在加强和促进民间艺术融合方面起到了重要作用。随着会展活动的多次举办，活动的业内影响力和社会影响力也在逐渐扩大。然而，闽台木偶艺术展仍存在诸多不足之处，这在一定程度上限制了活动为促进文化融合所起的作用。对此，本节将针对本活动中的不足之处，提出相应的对策和建议，以加强活动对民间艺术产业融合的促进作用。

（一）激发线上线下观众的观展兴趣、参与热情

可以通过优化线上线下观展体验，激发观众的观展兴趣和参与热情。例如，可以通过互动性强的展览和演出形式，增加观众参与感和体验感。除了提高展览和演出的互动性外，还可以通过创新营销手段，吸引更多观众的关注。比如，可以利用社交媒体和短视频平台等新媒体渠道进行宣传，扩大木偶文化展览的影响力和知名度。此外，可以增加展览的多样性和趣味性，如设置专门的互动区域，供观众自由体验和拍照留念。还可以组织一些与木偶文化相关的活动和互动项目，如木偶制作工坊、

木偶表演、木偶故事讲解等等，增加观众的参与度和体验感。总之，通过优化线上线下观展体验，可以让更多的人了解和喜欢木偶文化，从而进一步推动民间艺术产业的融合发展。

（二）激活文化消费市场

推动民间艺术产业的发展和融合需要激活文化消费市场[①]。为实现这一目标，可以推广创意木偶产品，或者与旅游和餐饮企业联手，共同打造全新的文化消费体验，从而增加木偶文化产品的销售和市场份额。

民间艺术产业与旅游和餐饮企业的合作也很关键。将木偶文化与其他文化元素相结合，可以为消费者提供一种全新的文化体验。例如，可以在餐饮场所内展示并销售木偶文化产品，甚至推出以木偶文化为主题的特色套餐，这不仅能吸引更多的消费者，同时也能让他们更深入地了解和欣赏木偶文化。同时，也可以和旅游企业共同策划，将木偶文化元素融入旅游线路和景点中，让游客在旅行中就能感受到木偶文化的魅力。此外，还可以利用电商平台和线上直播等新型销售方式，来扩大木偶文化产品的销售范围，满足更多消费者的购买需求。通过这些方式，不仅可以提升木偶文化的知名度，同时也能推动民间艺术产业的持续发展。

（三）提升文化创意活力

提升文化创意活力是促进文化产业融合发展和深化文化交流的关键之一。创意是创造力和创新性的结合体，它是在特定背景中产生新的、

---

① 文化消费市场是指个人或家庭为满足文化需求而购买或租用文化商品的市场，是文化市场体系的基础。随着经济的快速发展和人们文化需求的增加，文化市场规模呈现出增长趋势。其主要影响因素包括人口数量与构成、消费品的数量、质量及品种等，其中人们的购买力尤为关键。

有用的和独特的想法或概念的过程。在文化传承和融合发展中，文化的创意结合了文化的特色和创新的元素，将传统文化融入现代生活中，创造出新时代下的文化符号、品牌和产品等。

提升闽台木偶艺术展的文化创意活力可以从以下几个方面入手：挖掘和整合文化资源，深入研究和挖掘闽台两地的木偶艺术历史、技艺和文化内涵，整合相关的文化资源，为创意提供丰富的素材和灵感；引入现代设计理念和技术，结合现代审美和设计理念，运用先进的技术手段，对传统的木偶艺术进行创新和提升，打造出具有现代感和吸引力的艺术作品；跨界合作与创新，鼓励木偶艺术家与其他艺术领域的创作者进行跨界合作，如与舞蹈、戏剧、音乐等领域的艺术家共同创作，激发出新的艺术火花；举办创意设计工作坊和讲座，邀请国内外知名的设计师、艺术家和专家学者，举办创意设计工作坊和讲座，为参展者和观众提供学习和交流的机会，激发他们的创意和灵感；鼓励创新和实验，为年轻的艺术家和创作者提供展示和交流的平台，鼓励他们进行大胆的创新和实验，为闽台木偶艺术展注入新的活力和创意。

1. 影响文化创意源泉的因素

第一，民间文化传承方式。民间文化是文化的重要组成部分，对于提升文化的创意活力具有深远的影响。民间艺术，如木偶戏、布袋戏、皮影戏等，具有鲜明的地方特色和民族风情。因此，如何利用现代技术手段和市场需求，合理发挥民间文化的作用，将其传承发扬光大，并提高其创意活力，是十分重要的问题。

第二，文化产业和市场需求。文化产业是现代社会的重要产业，在民族文化传承、文化创新和经济发展等方面发挥着重要作用。文化作为文化产业的重要组成部分，其创意活力的提升与市场需求密切相关。因此，如何发掘市场需求，紧密结合文化特色和市场需求，提出适应时宜、有创新的文化产品，可以在提升文化创意活力上起到重要作用。

第三，艺术家和文化人才的参与。艺术家和文化人才的智慧和创意是文化创意的源泉之一。进一步开放文化的传承和发展，促进文化交流和互鉴，并通过驻场创意团队、专家学者等形式的方式，让创意团队来发挥他们的文化创意才能，可以更好地提升民族文化的创意活力。

2.提升文化创意的途径

文化创意活力的提升涉及多个方面，包括但不限于加强文化传承与创新的研发、提高文化在全球市场中的知名度和影响力，以及注重文化交流与多方合作。以下是几种提升文化创意活力的途径。

第一，构建多元化和具有特色的文化载体。为了展现文化创意的丰富性和独特性，我们应致力于构建各种形式的文化载体，如文化村、文化中心和文化聚落。这些载体可以提供包括文化表演、文化展览和文化艺术在内的多种文化体验，从而激发文化创意的源泉。

第二，强调人才培养与组织机构建设的重要性。提升文化创意活力需要有专业的人才队伍和高效的组织机构作为支撑。因此，我们应重视传统文化领域的人才培养，包括培养专门从事文化创意产业的教育人才，以提升文化创意领域的专业水平和人才素质。

第三，优化政策环境与产业结构。改善政策环境和产业结构同样对提升文化创意活力具有积极影响。政府可以针对文化产业的发展制定相关政策，通过提供资金支持和组织措施来推动文化创意的发展和创新。同时，我们也应关注产业结构的优化，以确保文化创意产业健康、有序和可持续的发展。

闽台木偶艺术展是一项充满民间特色的艺术展览活动，具有重大的文化价值和经济价值。本章从会展活动的影响机制入手，探讨了闽台木偶艺术展如何促进民间艺术产品融合发展的影响机制。研究结果表明，闽台木偶艺术展对推动民间艺术产业融合发展起到了积极作用。在实践中，需要注重保护、传承、创新和融合木偶文化，加强政府和相关部门的政策支持和引导，推动民间艺术产业的快速发展。相信在广大文化爱好者的共同努力下，闽台木偶艺术展将会取得更加辉煌的成就。

文化的不断传承和创新有助于文化的交流和沟通。提升文化创意活力，建立富有特色和高品质的文化产业板块，是推动文化发展的关键组成部分。因此，加强民间艺术和文化的交流和互鉴，注重深层次的、内在的创意发展，提高文化产业化、品牌化的水平，将是文化产业融合发展的重要保障和支撑。

第十章　会展深化文创产业融合发展的机制：以厦门文博会为例

在我国改革开放不断深化、经济迅速发展的背景下，文化产业逐渐成为国家发展的重要支柱之一，文化创意产业在促进经济发展中起着举足轻重的作用。当前，文化创意产业交流已初步形成了一套政策支撑体系，领域不断拓展，平台影响力不断扩大，联合培养的人才也已有了突破性进展。巨大的市场也为发展文化产业提供了天然的优势。因此，海峡两岸（厦门）文化产业博览交易会（简称"厦门文博会"）成为促进信息交流的重要平台，具有巨大的产业融合空间。

该展会由福建省政府、福建省文化和旅游厅、厦门市人民政府和海峡两岸文化交流协会共同主办的重要文化产业交流活动，目的是进一步深化文化产业合作，推动文化交流，促进文创产业的融合。如今，厦门文博会已经成为国内外文化产业展览的重要场所之一，每年都吸引了来自国内以及国外各地的文化企业、文化创意产业相关机构和专业采购商前来参展、参观，为文创企业提供了一个良好的合作交流平台。

厦门文博会通过展览、论坛、洽谈会等多种活动方式，让各大企业和参展商们能够集聚在一起互相学习、相互交流经验，从而进一步推广文化创意产品与项目，有利于促进文化产业的跨界融合和交流合作。另外，也有助于促进东南沿海地区与海外的互动，有助于提升人民的文化认同感和共同体意识，以实现共同繁荣和发展。

一、厦门文博会深化产业融合的影响机制现状

通过深入剖析厦门文博会如何促进不同产业间的融合，以及这种融合对当地经济、文化和社会发展的具体影响，能够更全面地理解文化产业融合的实际成效与潜在力量。这不仅有助于我们认识到文化产业融合在推动区域经济发展、促进文化创新、提升城市形象等方面的积极作用，还为政府和企业制定更加精准的文化产业发展策略提供了科学依据。同时，研究厦门文博会深化产业融合的影响机制现状，还能为其他城市或地区提供宝贵的经验和案例，推动文化产业融合在全国范围内的广泛实践与深入发展。

（一）厦门文博会情况简介

1. 厦门文博会发展历史

厦门文博会是唯一一个由众多文化机构参与的国家级综合性展会。它以"一脉相承，创意未来"为主题，自2008年首届举办至今，不断加强交流。其发展历程可以分为三个阶段。

初期阶段（2008—2011年）：此阶段厦门文博会主要围绕着推动和促进文化产业交流不断进行拓展。在此期间，香港和澳门的企业首次参加厦门文博会，由此厦门文博会拓展到港澳。第三届厦门文博会将场馆正式选定在厦门国际会展中心，博览会的规模和水平得到了极大的提升。2011年，厦门文博会更加强调投资，该展会作为投资和贸易平台的作用进一步显现。

发展阶段（2012—2017年）：厦门文博会经过前面四年的成功举办，于2012年转型为国家级展会，成为文化交流、合作、投资的重要平台，并继深圳、北京文博会之后，成功成为文化产业的重要展会之一。在此阶段，厦门文博会不断改革创新，举办"厦门国际设计周——红点在中国"，全力推动文化产业新的跨界融合和发展，提升了创意设计领域的专业度和影响力，为交流与合作增添了历史意义。

成熟阶段（2018—至今）：从2018年开始，厦门文博会踏上新的征程，开启新的十年，进一步深化文化交流，开创产业合作的美好未来。以"文旅融合"概念，打造文化旅游融合概念，并开设文化旅游和文旅IP的特别展区，深入打造文化旅游交流互动平台，进一步推动文化交流与旅游的深度融合。至2023年，第十四届海峡两岸文博会总展览面积达10万平方米，是迄今规模最大的一届，比上一届增加3.2万平方米，展位数4200个。[①]

总体而言，厦门文博会作为国际性的文化产业活动，不仅为文化创意产业搭建了一个展示、交流、合作和交易的平台，还进一步推动了文化产业的融合和发展。

2. 厦门文博会发展现状

经过多年发展。厦门文博会已成为中国文化产业界的一个重要展会，涵盖了文创设计、影视动漫、文化旅游、数字文化等多个领域，吸引了全国各地及海外的文化产业从业者、投资机构和观众参展。展会规模逐年扩大，参展公司和展商数量也不断增加。其中，影视动漫展区是其

[①] 厦门日报.第十四届海峡两岸文博会在厦开幕！77个项目总签约额超281亿元［EB/OL］.（2023-08-05）［2024-01-10］.https://baijiahao.baidu.com/s?id=1773352328451209739&wfr=spider&for=pc.

重要组成部分之一。该展区展示了国内外最新、最热的影视、动漫作品和技术，不仅推动了文化产业的深度交流，也为产业的升级换代提供了动力。

近年来，厦门文博会也开始向数字文化、智慧文化等新兴领域扩展，推出了多个新展区，如数字文化展区、VR/AR 展区等。这些展区吸引了众多高新技术企业和新兴文化公司参展，助力我国文化产业的转型发展。同时，展会的影响力也越来越大，吸引着来自海外的参展商和客商，为文化产业合作开辟了更广阔的空间。

随着文化产业的快速发展，展会水平的不断提升，未来厦门文博会将有更加丰富多彩和高品质的展品和项目，在文化产业方面进行更紧密、更广泛的跨界交流与合作。

（二）厦门文博会深化文创产业融合的具体影响机制

厦门文博会在动态演进过程中形成了运行引导机制、交流合作机制、传播创新机制（见图 10-1），推动着多方文化创意产业的合作与交流，有效地促进了产业的深度融合。

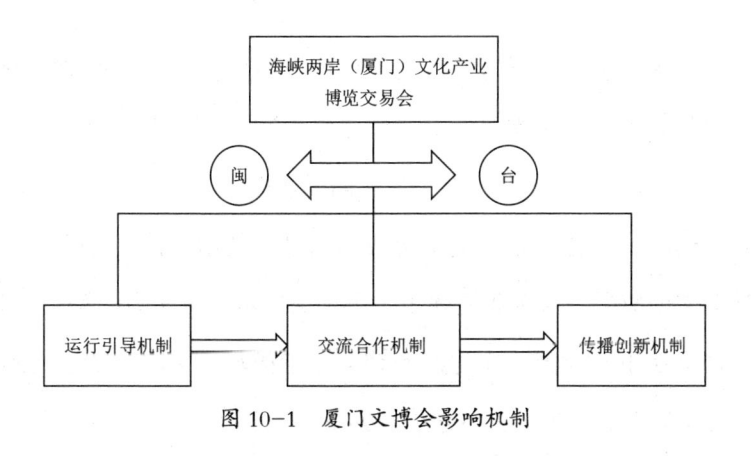

图 10-1 厦门文博会影响机制

1. 运行引导机制

厦门文博会有效地推动了文创产业的发展和合作，形成了良好的运行引导机制，由优势引导、政策引导、资源整合三个部分构成（见图10-2）。

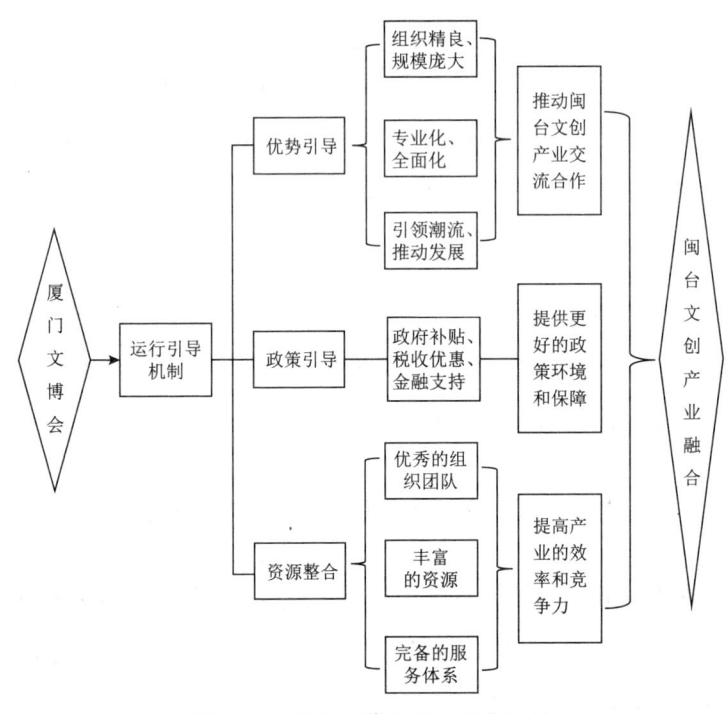

图 10-2 厦门文博会运行引导机制

第一，优势引导。厦门文博会作为国家级展会，对于推动文创产业交流、合作和发展具有重要意义。每年吸引数百家世界各地的文化企业参展，参展面积达 30 万平方米，为文创企业提供了一个广泛的交流与合作平台。同时，展会设立了电子游戏、动漫、文创设计等专业展区，展示了最新文创成果，为企业搭建了一个全面展示自身实力的舞台。此外，厦门文博会还不断与国际文化产业趋势保持接轨，主题和展示内容与时俱进，为文创企业带来了更多思路和创意。

第二，政策引导。厦门文博会在政策引导方面得到政府的大力支持，为文创产业落地提供了政策引导，包括政府补贴、税收优惠、金融支持等，这将有更多的文化创意企业参展，使作品得以展示、合作和分享经验。同时，厦门文博会还将邀请国外政府和业界代表参加交流活动，加强文创产业之间的政策对接和合作，为产业合作提供更好的政策环境和保障。[①]

第三，资源整合。厦门文博会在资源整合方面具备优秀的组织团队、丰富的资源和完善的服务系统，可以为企业提供全面的服务和支持。通过搭建展览、交易、洽谈、论坛等各种形式的会议和活动，为文创产业提供了一个资源整合平台。这个平台可以让文创企业了解到不同的市场需求和文化差异，提高自身的创意设计和营销能力。同时，通过资源整合，可以提高产业效率和竞争力，促进文化创意产业的共同发展。

总体而言，厦门文博会通过运行引导机制为文创企业提供了一个广阔的发展空间和合作平台，有助于加强文化产业的融合和发展。

2.交流合作机制

在深化文创产业融合发展过程中，厦门文博会在促进交流方面扮演着重要的角色（见图10-3），主要通过举办活动、开展论坛、组织比赛等方式，促进了文化创意交流和工艺技术交流。[②]

---

① 刘小新，陈舒劼.推进闽台文化创意产业深度融合发展[J].现代台湾研究,2021,154（3）:1-6.
② 姚月清.闽台文化创意产业融合发展对策研究[J].海峡科技与产业,2020,255（10）:7-9.

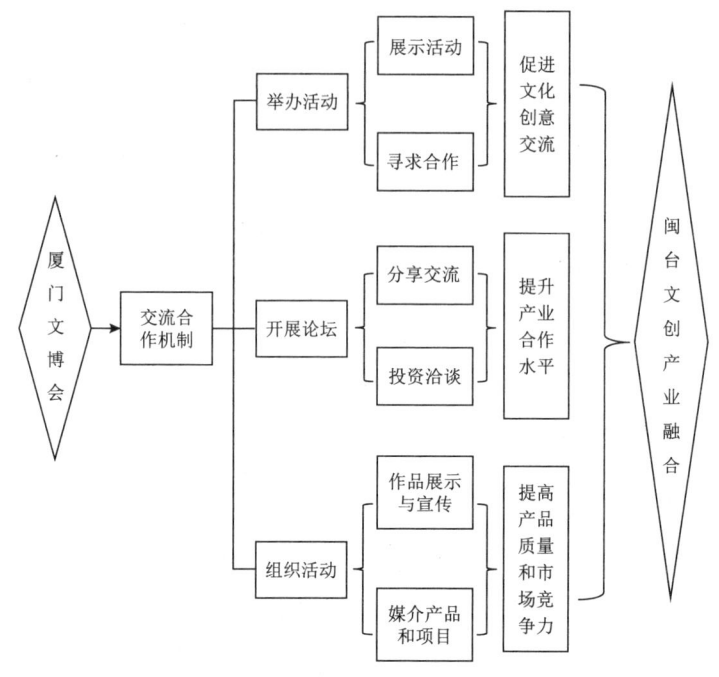

图 10-3　厦门文博会交流合作机制

第一，举办活动。厦门文博会通过举办各式各样的活动，邀请文创企业和文创设计者来参加、展示他们的优秀作品，如顶级工艺艺术品拍卖会、当代雕塑名家交流推介会等。此外，世界各地的参展企业和市民群众也能通过这个机会在展会上寻求合作机遇，促进投资交易。在此基础上，厦门文博会进一步推动了文化创意交流，深化文创产业融合。

第二，开展论坛。厦门文博会还组织了文创产业交流论坛和采购洽谈会，通过交流分享和合作洽谈，促进文创产业的交流合作，创造更多商业机会，提升产业合作的水平。另外，该展会还组织了"投融资洽谈会"，为文创企业提供了一个实现资金需求和投资合作的机会，有效解决了资金瓶颈和融资困难问题，为文创产业发展提供了必要的支持。

第三，组织比赛。展会通过组织比赛，对比赛作品进行展示和宣传，并向广大企业和市民群众推介优秀的文化创意产品和项目。这不仅能激励文创产业的创新创造和艺术创作，还能提高产品质量和市场竞争力。同时，比赛也为文创企业和参展者提供了一个展示自身实力和才华的平台。

3. 传播创新机制

厦门文博会通过建立交流平台，促进文创产业的交流与合作，让文化产业的从业人员进行交流与互动，分享经验、资源和技术，促进传播与创新（见图10-4）。

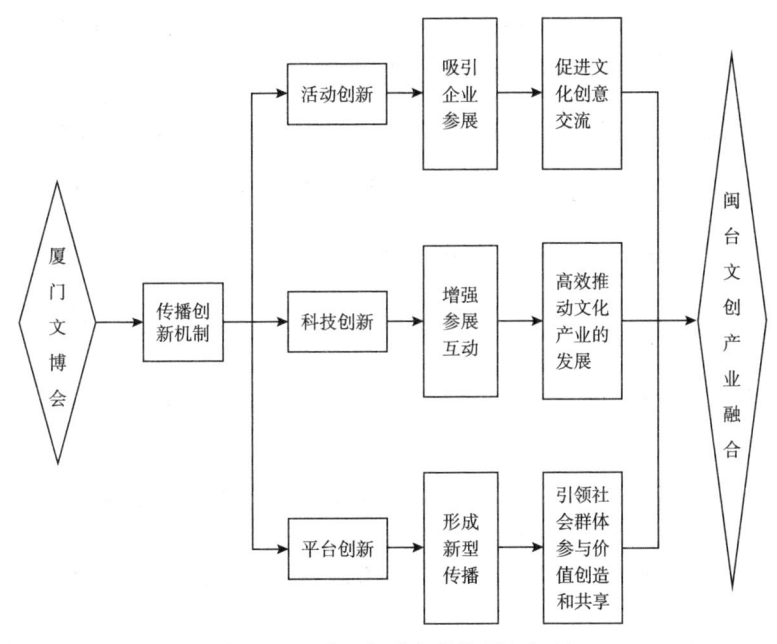

图 10-4 厦门文博会传播创新机制

第一，活动创新。厦门文博会团队不断更新活动的形式和内容，策划了如"数字内容对接大会""工艺精品奖评选"以及"文博大讲堂2018峰会"等品牌活动。同时，厦门文博会举办了各式各样的展览、论坛、推介活动，成功地吸引了众多海内外文化企业和机构的参与。

第二，科技创新。首先，科技的运用打破了传统会展产品展示受到时间和空间环境的制约，使得会展活动从封闭走向开放，实现了"由静向动"和"由实向虚"的展示模式。其次，厦门文博会综合运用多种科学技术和新媒体表达手段，实现了"N+会展"的创新模式，如数字会展、媒体会展等新型会展模式。最后，厦门文博会的参展者在沉浸式的体验中，实现与文创产品零距离的接触，增强互动，从而更有效地促进文化产业的发展。

第三，平台创新。厦门文博会一直在努力加强新型传播平台的建设，主要是以新媒体为主的传播平台。为了满足不同接收方的需求，厦门文博会选择最合适的媒体类型和途径，进行综合信息服务，从而扩大我们的受众群体并提高传播效果。通过规划高价值的信息平台、建立网络在线社区以及策划热点话题等方式，厦门文博会成功地引领了社会群体参与价值创造和共享。

二、厦门文博会深化文创产业融合的机制问题

（一）政府在文博会中起到主导作用，行政干预色彩稍显浓厚

一方面，大部分文博会都是由地方政府规划并向上级申请，得到文化部的批准后，由中央和地方政府共同举办。这种模式下的行政色彩相对明显。另一方面，随着文化产业博览会的增多，品牌特色和差异性并未得到充分体现。这导致许多文化企业参与文化产业博览会的主要动机并不是为了自我推广和交流，而是成为了政府的"形象工程"。在厦门文博会的会场中，省市展馆更多地展示了各地的文化资源和文化形象，使

得文化产业博览会会场有时变成了赶集式的"庙会"。这种模式无疑对文创产业的融合发展造成了一定的阻碍。

（二）方式较传统，文化性的交流不足

厦门文博会的交流方式相对传统，主要在城市会展中心举行，方式包括活动、论坛、比赛等。参展者和参展商需要遵循一些特定程序才能参加展会，以促进交流和交易。另一方面，该文博会更加注重文化创意产业发展的经济性交流，而忽视了其作为"象征产品"[①]的文化性交流。作为一种具有特殊价值观和意识形态的产品，它具有更强烈的主观性、情感性和消费需求的引导性。它受到主观情感和消费者需求的引导。除了产业发展的制造端外，我们还应该从文化需求和文化消费的角度出发，放宽视野，进一步探索文化产业博览会的内涵，采取多元化战略，促进文化创意产业的发展。

为了促进文化创意产业的发展，应该采取多元化战略。除了保留传统的交流方式，还可以考虑引入更多创新性的交流方式，如线上展览、虚拟现实体验等，以拓展交流渠道和方式。同时，要更加注重文化性交流，让参展者和参展商能够更深入地了解和感受文化创意产品所承载的文化内涵和价值。通过举办专题讲座、文化研讨等活动，可以加深对文化创意产业的理解和认知。此外，鼓励跨界合作也是推动文化创意产业发展的关键。通过与其他产业领域的合作，可以为文化创意产业注入新

---

① 象征产品通常具有独特的意义和价值，它们超越了产品本身的实际功能，成为表达个体身份、品位、情感或信仰的重要媒介。这类产品往往融合了文化、艺术和创意，通过独特的设计、材质和工艺，传递出深刻的象征意义。它们不仅能够满足消费者的实际需求，更能触动人们的心灵，成为生活中不可或缺的一部分。

的创意和动力，推动其与其他产业的融合发展。

（三）传播工作存在不足，社会文创氛围尚显欠缺

首先，厦门文博会在时间层面的传播力度不足，时效性较差，信息更新滞后。在会展活动的筹办过程中，尽管工作人员付出了艰辛努力，但由于未能将重点宣传环节置于首要位置，导致许多努力未能有效转化为社会影响力，造成了资源的浪费。

其次，厦门文博会在内容传播上也存在明显短板。当前，部分传播内容掺杂着虚假信息，这不仅干扰了公众的判断，使人们难以分辨信息的真伪，更阻碍了人们获取真实、有用的信息，对文博会的声誉和形象造成了负面影响。

最后，厦门文博会在形式上传播不到位，虽然该展会使用了纸质传播和图像传播相结合的方式，但图像传播模式大多停留在公众号、官方网站、会展信息网等传播平台上。而利用新媒体进行传播的方式却很少，如抖音、小红书、微博等。通过各种传播方式，虽然文创交流氛围在展会上是有了，但是社会上仍有很多人群没有参与到展会中来，对文化创意产业的了解，主要还是专业观众、文化创意工作者、文化创意爱好者等。因此，未能形成良好的社会文创氛围。[1]

三、厦门文博会深化文创产业融合的机制优化对策

通过深入分析当前文创产业融合机制的不足，并提出针对性的优化对策，我们能够更好地推动厦门文博会与文创产业的深度融合，实现资

---

[1] 蔡怡浩.厦门文化创意产业发展的对策研究［D］.厦门：集美大学，2015.

源共享、优势互补，进而激发文创产业的创新活力和市场潜力。这些优化对策的实施，不仅能够促进文创产业内部的跨界合作与协同创新，还能推动文创产业与其他相关产业的融合发展，形成更加完整和多元化的产业链条。

（一）优化执行机构，强化良性引导

建议将厦门文博会的执行机构调整为厦门市文化创意产业协会。作为厦门地区唯一的综合性、非营利性文化创意产业服务平台，该协会在推动文化创意产业发展、促进文化界与企业界交流合作方面具有丰富的经验和资源。此外，该协会在促进设计产业发展方面也发挥着关键作用，展现出其在行业引导和发展方面的专业性。通过厦门市文化创意产业协会作为执行机构，我们可以期待在文博会中的"会中会"——文博会论坛的举办上，展现出超越一般会展论坛的专业水准和实际操作效果。同时，这也有利于树立行业标准，加强企业间的沟通交流，促进良性竞争，进一步完善影响机制，推动文创产业的深度融合，为厦门文化创意产业的持续、健康发展创造有利条件。

（二）融入策展理念，创新交流合作

厦门文博会打破了传统的展览模式，不再选择以城市会展中心作为单一的举办场地，而是以平行展场、并联展览的方式，创新地将展览空间多点布置。文博会被拆分为三个主要展览空间，分别位于龙山文创园（思明区）、海峡设计文创园（湖里区）和华美空间文创园（湖里区）。这些展览空间被明确地划分为不同的品类。龙山文创园主要展示"创意设计"，海峡设计文创园专设"工艺技术"，而华美空间文创园则主要展示

"原创授权"。但这些划分并不是绝对的，根据实际情况，展览内容可能会有所调整，以容纳更多的文创企业。

在选定主展馆后，厦门文博会以"艺术策展"的方式进行视觉陈列。在这个主题展馆中，策展者承担着两大重要职能。首先，他们需要通过更加精巧、富有艺术性的视觉形态与空间布局，集中展示那些体现设计与创新文化的优秀作品，以此突出宣传产品的重要性。其次，他们需要组织专题展览，提出一个总领性的话题，引发整个文化创意界的思考与关注。例如，可以以"鉴闽风""品鉴文创"为分主题，从不同角度出发进行比较，增强对文创的认识，并在文化差异中体会文化差异所引发的话题。

基于这种"策展"理念，厦门文博会的功能已经从简单的行业内部贸易扩展为大众共同参与的文化盛会。它不仅能为参展商带来更加多元化的观众，还能通过文化活动的参与，扩大市民的文化创意体验，提升文化消费的活力，为城市文化创意产业的可持续发展打下坚实的基础。

（三）联动创意空间，扩大展会影响

一方面，厦门文博会以"城市即展场，展场即生活"的创意理念开展"串联好店"项目计划。该项目旨在挖掘整个城市的创新文化氛围。按照主办方的设计，以龙山文创园、海峡设计文创园、华美空间文创园三个固定展场作为节点形成活动移动路线。这些展场积极联动其周围的咖啡馆、餐饮、文创书店、展览空间等，将其作为分散在城市各个角落或寻常巷落中的生活场景"分展场"，并与文博会的整体活动相结合。通过这种方式，对厦门文创生活商店、文创生活方式、文艺城市形象等进行多方位的宣传营销。参展观众只需到标有"串联好店"的商店中盖章或在社交媒体上签到宣传，就可以参加抽奖活动。这将极大地提高市民的参与积极性，并在客观上刺激相关的艺术与文创商店的销量，以及厦门文化创意产业的消费。

另一方面，重视厦门文博会的宣传推广、城市文创形象的塑造，有利于提升厦门的城市创意集聚动力。首先，可以通过聘请知名人物作为文博会的"文化形象代言人"，借助名人的粉丝效应与现场直播的"同频"优势，吸引更多的青年群众；其次，借助抖音平台进行论坛直播，将有限会场空间的高价值专业信息在网上广泛共享，扩大文博会对创意产业信息传播的影响；最后，开发专门的厦门文博会App，只要参展观众下载App，在他们经过或走进"串联好店"名单中的商店时，通过添加定位打卡来宣传推广遍布"城市展场"中的"串联好店"。当"打卡"到一定数量后，就可以自动进入主办方的抽奖活动名单。

上述措施能够大幅度提升厦门文博会在举办期间的现场曝光度和参与度，充分发挥文博会对城市创意氛围的推动作用，加强文创沟通交流，创造文化消费情景和情感需要，从而为文化创意产业的长期发展提供人才、促进生产、扩大消费。[①]

四、本章小结

在全球经济一体化和中国快速发展的背景下，会展业作为朝阳产业和促进产业关系串联的纽带，受到了各界的高度关注。本章在前人已有相关领域研究成果的基础上，以厦门文博会作为研究对象，从多角度分

---

① 袁园. 文博会促进文化创意产业发展策略［J］. 开放导报，2017，193（4）：105-108.

析研究了厦门文博会深化文创产业融合发展的影响机制。

经过研究，笔者得出以下结论：厦门文博会深化文创产业融合发展的影响机制主要包括运行引导机制、交流合作机制和传播创新机制。这些机制不仅可以深化文创产业融合发展，而且能够促进厦门文博会的经济发展。

然而，目前会展活动发展仍存在不足，一些不成熟的条件导致会展活动影响机制发挥不通畅。通过文献分析和定性分析机制不畅的原因，笔者进一步提出厦门文博会深化文创产业融合发展的影响机制的优化对策。这些对策包括加强会展活动的策划和组织、提高会展活动的传播效果、加强会展活动的合作与交流等。同时，也需要政府和社会各界的支持和配合，共同推动会展业的发展和文创产业的融合。

总之，厦门文博会作为促进文创产业融合发展的重要平台，其影响机制的优化对于推动文创产业的发展和经济增长具有重要意义。相信在各方努力下，厦门文博会将不断发展和壮大，为中国的文化产业发展做出更大的贡献。

第三篇

会展城市影响机制篇

第十一章　会展深化人才链融合发展的机制：以海峡论坛为例

近年来，福建省一直是海内外交流的"先锋标杆"，其中人才间的交流合作是突出的重点。众所周知，经济的竞争离不开人才，各行业人才的合作交流将极大地促进经济社会的快速发展，而海内外人才资源具有明显的互补性。因此，研究会展对城市人才链融合发展的影响机制尤为重要，这有助于进一步促进人才交流与合作的发展。

一、海峡论坛深化人才链融合发展的机制现状

海峡论坛作为区域交流的重要平台，在推动人才链融合发展方面发挥着关键作用。通过对其机制现状的深入研究，我们可以更清晰地了解人才交流的现状、存在的问题及发展趋势，从而为进一步优化人才链融合提供科学的依据。这不仅有助于促进跨区域人才的深度交流与合作，提升人才资源的配置效率，更能为区域的整体经济发展、产业升级和社会进步提供坚实的人才保障。

（一）海峡论坛情况简介

"海峡论坛"是民间交流的大平台，突出民间性、广泛性，强调平等参与和互动性，在福建已经圆满举办了十六届，并取得了累累硕果、成就突出。"海峡论坛"以科学发展观为指导，依托福建地缘优势，充分发挥经济区先行先试的前沿平台作用，促进了海内外在经济、文化和社会等各方面的全方位、多层面的交往，这种交往与合作模式，也促进了国家间关系的平稳、可持续发展，为关系的和谐与稳定发挥了极大的作用[①]。经过十六年的发展历程，"海峡论坛"的活动参与人数逐年增多、活动举办模式逐年创新、论坛主题越来越丰富、论坛内容也越来越广。其中，深化人才链互动融合的主题一直贯穿在各类活动中。

（二）海峡论坛深化人才链融合发展的具体机制

1. 完善人才引进机制

海峡论坛作为促进交流合作的重要平台，需要为民间交流与合作提供更加全面、深入的服务。进行人才引进，可以聚焦相关领域，打造更专业化、高效的服务平台，推动经济文化交流与合作，从而实现区域经济的快速增长，互利共赢，共同发展。海峡论坛的人才引进机制如图11-1所示。

---

① 李芳尚.新形势下深化闽台融合发展研究［J］.湖北省社会主义学报，2017（4）：45-49.

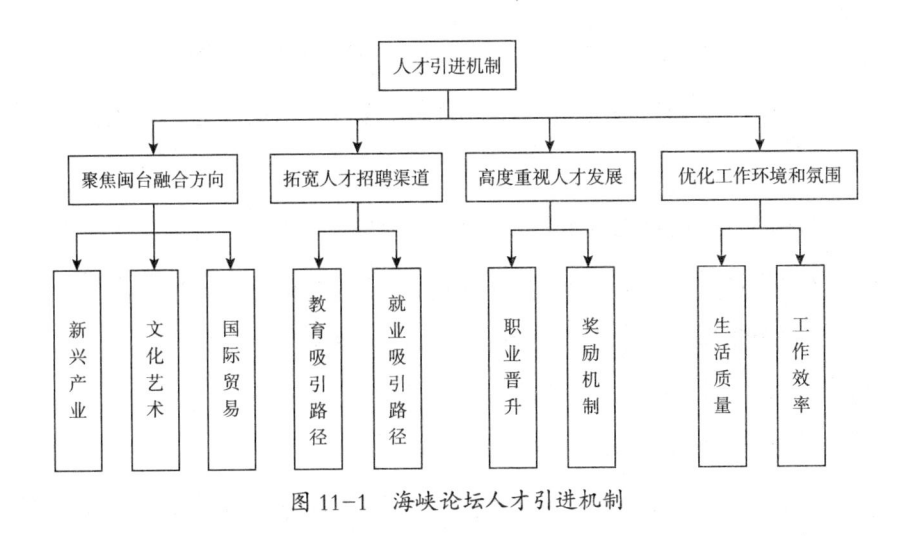

第十一章 会展深化人才链融合发展的机制：以海峡论坛为例

图11-1 海峡论坛人才引进机制

第一，海峡论坛注重聚焦融合的发展方向，围绕福建省重点产业、重点建设项目、重点学科等发展需要，对新兴产业、文化艺术、国际贸易领域等相关领域进行人才引进。通过引进领军人才，培育新兴产业的领军人才，促进文化交流与互动，提升区域产业的国际化综合竞争力，实现繁荣发展。

第二，海峡论坛通过教育吸引路径和就业吸引路径双管齐下，具体表现为与高校由单一合作向多元化合作发展、向海内外发布招聘信息、定向推荐等方式，拓宽人才招聘渠道，吸引优秀的人才加入到海峡论坛。[1]

第三，海峡论坛高度重视人才的培养和发展，为员工提供丰富多彩的职业规划、职业发展和培训机会，以优化人才、工作和项目计划的匹

---

[1] 李峰，王珊.高水平研究型大学促进人才高地建设的机制、路径与对策［J］.国家教育行政学院学报，2023（2）：71-79.

配程度。①并建立起一套完整的职业晋升和奖励机制，激励员工投入更多的精力和时间来拓展自身的能力和业绩，通过外因调动人的积极性和创造性。②

第四，为了更好地服务员工，吸引更多的人才入驻各大企业。海峡论坛致力于营造开放、多元、协作的工作环境和氛围，为员工提供更多的福利，如住房、子女教育、节日福利、健身服务、培训讲座等，有效提高员工的生活质量和工作效率。

2. 加强人才流动机制

中国特色社会主义进入新时代，中央赋予福建六区叠加③的政策优势。福建牢牢把握战略机遇期，充分发挥对外区域优势，用好中央赋予的优惠政策，持续先行先试。④海峡论坛依托福建的政策优势，充分利用展会平台和行业协会的职能优势，全方位、系统化地加强人才流动机制，为发展注入源源不断的新动力和新活力。海峡论坛人才流动机制如图11-2所示。

---

① STAM J A .China's emerging technological edge：Assessing the role of high-end talent［J］. AsianBusiness & Management，2010，9（3）：453-455.
② 胡雪梅.科学人才观的理论内涵与实践应用研究［D］.南昌：江西师范大学，2010.
③ 福建"六区叠加"是指福建在发展过程中所拥有的六大战略定位，它们分别是自由贸易试验区、海上丝绸之路核心区、生态文明先行示范区、闽台融合发展示范区以及福州都市圈。这些战略定位共同构成了福建发展的独特优势和巨大潜力。在"六区叠加"的推动下，福建不仅在经济发展上取得了显著成就，而且在生态文明建设、对台合作以及海上丝绸之路建设等方面都发挥了举足轻重的作用。展望未来，福建将继续深化改革开放，推动高质量发展，为构建新发展格局、实现第二个百年奋斗目标作出新的更大贡献。
④ 杨国豪.发挥福建优势，打造台湾人才登陆第一家园［EB/OL］.（2019-07-04）［2024-06-10］.https://news.gmw.cn/2019-07-04/content_32971241.htm.

第十一章　会展深化人才链融合发展的机制：以海峡论坛为例

```
                  ┌─ 派遣人才到对方  ──增加──→  双方人才的互相
                  │  地区交流                    了解和接触
                  │
                  ├─ 开展丰富的人才  ──推动──→  两地人才合作和
  海峡论坛 ──────┤  交流活动                    共赢
                  │
                  ├─ 开展多元的人才  ──实现──→  技术创新
                  │  合作项目                    产业合作
                  │                              人力资源共享
                  │
                  └─ 提供有力的人才  ──建立──→  专业的人才保障
                     服务支持                    制度
```

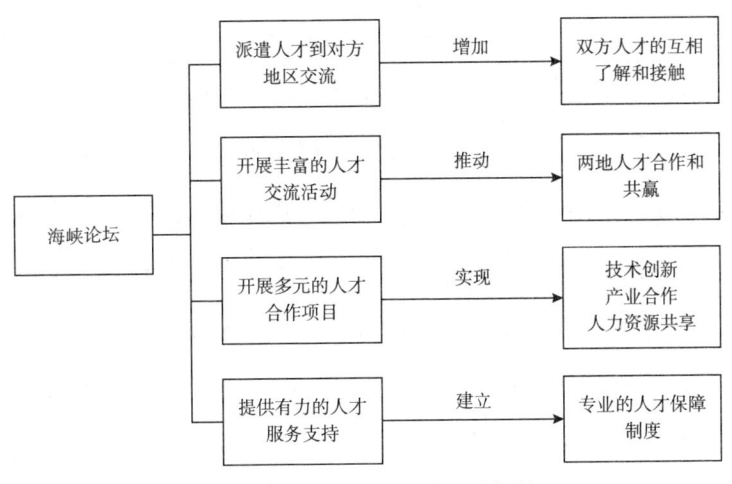

图 11-2　海峡论坛人才流动机制

首先，海峡论坛通过派遣人才到对方地区交流，进行深入的交流和学习，增加人才之间的了解和合作。例如，通过举办团队交流、短期交流和实习交流等活动，引导青年、技术人才和企业家到对方地区交流、考察、学习和参观，以增加双方的了解和接触机会。

其次，通过海峡论坛，每年举办丰富多彩的人才交流活动，促进人才之间的接触和沟通。例如，组织优秀人才来福建，参加科技创新大赛、创业论坛、企业家论坛等交流活动，吸引优秀毕业生来福建就业和创业，推动人才合作和共赢。

再次，通过开展多种多样的人才合作项目，推动人才资源的合作和共享，充分活络展会这个平台所创造的多方优势。例如，海峡论坛积极参与"双创"项目，通过深化合作地区人才合作联盟的建设，组织人才共同参加"双创"活动，鼓励技术创新、产业合作和人才资源共享，培育人才链融合发展的新业态。

最后，海峡论坛围绕人才培养、评价、激励、流动、使用等重点领域和关键环节，为合作提供了人才服务支持，为城市间人才链融合夯实了有力保障。海峡论坛建立了人才招聘信息服务平台，提供包括人才招聘、人才评价、岗位申报等服务，为人才的交流提供专业的服务支持。

总之，海峡论坛通过派遣人才到合作伙伴方地区交流、开展丰富的人才交流活动、开展多元的合作项目和提供人才服务支持等方式，构建了人才流动机制的新模式，在深化人才链融合方面取得了重要进展。海峡论坛将继续发挥人才交流的重要作用，促进人才资源的合作与共赢，推动经济社会的发展。

3. 提高人才质量机制

各国经济社会发展存在差异。一方面，不同行业、不同领域的人才在不同的地区和文化环境下可能具有不同的优势和特长。通过提高人才质量机制，可以加强双方人才之间的交流和合作，进一步促进双方人才的互补，提升整体竞争力。另一方面，由于各地区的市场需求和环境不同，不同地区的人才在就业和职场竞争中也可能面临不同的挑战。通过提高人才质量机制，可以让人才更具有全面和适应市场的能力，更好地适应福建地区的就业环境，增强市场竞争力。海峡论坛提高人才质量机制如图 11-3 所示。

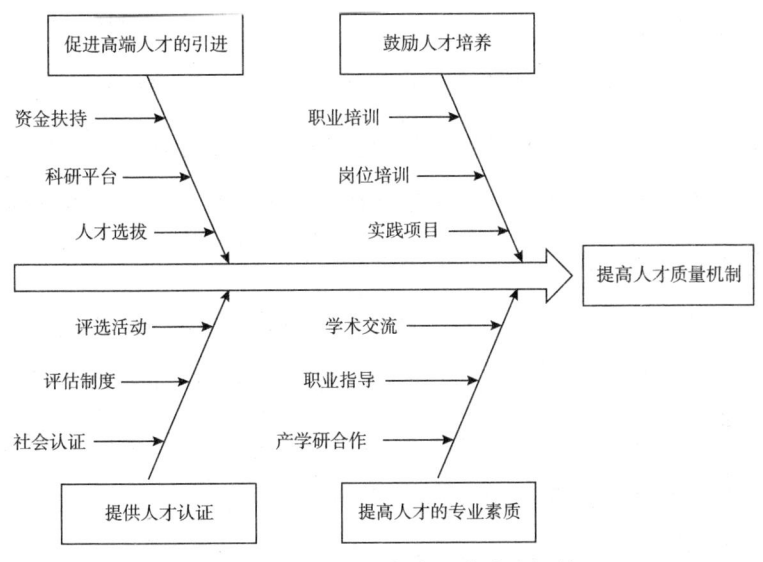

第十一章 会展深化人才链融合发展的机制：以海峡论坛为例

图 11-3 海峡论坛提高人才质量机制

提高人才的专业素养是人才质量机制中不可或缺的一部分。海峡论坛每年都会举办多场专业领域的国际学术会议、研讨会等，邀请领域内的学者、专家出席参加。与会专家学者分享最新的研究成果和技术应用，促进学术界的交流与合作，为人才的专业素养提升提供资讯和灵感。通过产学研合作的方式，推动产业界和高等教育机构之间的紧密合作，实现技术的共享和转移。同时，积极组织相关领域的企业联合研究和工程设计，为人才提供更多的实践机会。海峡论坛还定期举办职业发展指导讲座和交流会，为人才提供通往职场的指引和建议，并通过联系企业和高校，对接人才需求和培养，为优秀人才走向职场创造最佳机会。

为了鼓励人才培养并满足人才不同的职业需求，海峡论坛积极举办各种领域的职业培训，包括金融、文化传媒、物流、人力资源等多个领域。通过职业培训，帮助人才掌握最新的行业知识和技能，提高他们的竞争力和职业水平。海峡论坛还与多个企业和机构合作，为人才提供定制化的岗位培训。根据企业实际需求，为员工量身定制培训方案，帮助他们快速适应企业工作环境，达到更高的工作效率。海峡论坛还开展了多种形式的实践项目，包括科技技能实践、医疗卫生实践、文化艺术实践等。实践项目不仅为人才提供了锻炼和学习的机会，更可以让他们在实践中发现问题、积累经验、提高综合素质。

在提供专业化的人才认证实践中，海峡论坛联合相关机构和企业，开展多种类型的人才评选活动，包括优秀青年人才、企业家等评选。通过评选活动，挖掘出更多优秀人才，鼓励他们在各自领域中发挥积极作用。同时，海峡论坛建立了一套完整的人才评估制度，对教师、研究员、工程师等人才进行综合性评估。评估内容包括学历、职称、工作经历、科研项目和专利成果等，通过评估为人才量身定制个性化的发展规划和指导，不断提高人才的综合实力。在社会认证道路上，海峡论坛积极搭建人才认证的社会平台，为优秀人才提供展示自己的机会，增加其曝光度，促进其职业显性和隐性的发展。同时提高其在社会中的地位和认同感。

高端人才的引进可以丰富和提升人才结构，提高企业和组织的整体素质和能力，推动经济和文化融合，推进共同发展。[①] 在资金扶持方面，海峡论坛设立了各种奖项和资金支持机制，如"创意设计大赛""大学生创新创业大赛"等，为创新创业型人才提供经济上的支持。此外，海峡论坛还与有关机构合作，设立了"福建省青年科技人才基金""医学科技合作基金"等项目，为科技型人才提供资金支持。

在科研平台方面，海峡论坛与福建省科技厅、福建省教育厅等机构

---

① 吴世娟.经济欠发达地区的人才集聚路径探索[J].武夷学院学报，2023，42（2）：60-66.

合作，设立了"科技论坛""国际青年科学家论坛"等科研交流平台，为高端人才提供学术交流、合作研究的机会。

在人才选拔方面，海峡论坛设立了"海峡论坛青年创客计划""海峡论坛人才孵化计划"等项目，通过专业评审机构选拔具有创新能力和潜力的年轻人才，为其提供培训、孵化、投资等全方位支持，从而提高人才质量。[1]

二、海峡论坛深化人才链融合的机制问题

（一）引才流程尚存漏洞，出现"引人难"困境

吸引人才是首要任务，但留住人才同样重要，否则人才交流无法持续有效地进行。首先，缺乏一套完善的人才工作体系。在宏观层面上，由于缺少整体的引导，政策的实施效果与预期效果存在较大差距。其次，引进人才宣传政策多为以政府层面为主进行引才政策宣传，缺少各级用人主体的宣传，宣传力度不足。再次，引才资金来源渠道单一，政府也没有为社会参与人才的引进集资提供良好的监督平台，长此以往，可能会使政府在对外人才引进中产生沉重的财政负担，以及出现质量无法保证、产生腐败等潜在风险，阻碍人才的顺利引进，也不利于社会系统的整体良性运转。[2] 最后，政府有关部门在引才制度方面的职责没有清晰地划分清楚，人才服务的管理手段也没有跟上形势的发展。部分行业在

---

[1] GARROW V, HIRSH W. Talent management: Issues of focus and fit [J]. Public Personnel Management, 2008, 37 (4): 389-402.

[2] 李晓惠，徐莺. 推拉理论视域下人才引进机制研究——以洛阳市为例 [J]. 广西职业师范学院学报，2022，34（4）：33-41.

信息统计、服务管理等方面存在资源利用不足的问题，导致供求信息不对称。

（二）评价制度存在缺陷，导致能动性不足

海峡论坛存在评价标准较为僵化，无法满足人才链融合的实际需求。由于从特定行业的角度出发，评价标准通常局限于"技能"和"经验"等较为狭隘的范畴，往往难以体现跨行业、跨领域的专业人才之间的相互促进和交流。这使得评价标准对于整个人才链的融合作用减弱，影响到人才链融合的积极性和活力。

海峡论坛还存在评价指标较为简单，只能表面反映人才链融合中的局部情况，却不能真正体现人才链融合的全面性和深度。由于评价指标过于简单，从而忽略了人才链融合中的一些基本问题。例如，人才链中的人才流动、知识积累、创新体系建设等，导致评价结果不够准确，甚至出现评价次数频繁但结果却没有实质性改观的情况。

同时，海峡论坛的评价结果过于单一，缺乏开放性和远见，往往只从某一个行业或领域内进行评价，忽略了在更大范围内人才链融合所带来的重大效益。对于评价结果过于绝对，人才链内的人才为了追求好成绩，往往会导致参与者趋向保守、对处理新问题的能力不足、对创新的忽视等问题的出现，这些都严重影响了人才链融合的活力和潜力。

（三）文化价值存在差异，导致共享渠道受阻

文化差异会对人才链的合作效果产生影响。人才合作涉及的领域众多，如科技创新、文化艺术、教育培训等。如果文化历史背景、价值观念等方面存在较大的差异，可能会导致互相理解出现误差，使得人才合

作无法有效开展,甚至可能引发合作冲突。

例如,由于国外公司更早地走向世界实现国际化,其经营方式更制度化和规范化。相比之下,福建企业在国际化方面尚未成熟,因此外国企业可能不认可福建公司的经营策略。此外,外国员工更倾向于采用"量化管理"的方式,要求上司给出明确的目标及做法。这种工作环境和工作方式的不同,注定了中外员工在合作上不会长久。这些职场文化差异导致一些外国人无法适应福建的生活环境,从而放弃了在福建工作的想法。这些文化差异不仅影响了人才链的合作效果,还可能导致共享渠道受阻,限制了人才的有效流动和合作。

(四)激励模式缺乏创新,产生多种负效作用

激励模式未能根据时代发展及时调整,无法适应企业环境和员工需求的变化。当前的激励模式缺乏榜样激励、情感激励、竞争激励等精神和价值层面的激励,导致人才获得感不足。过度依赖物质激励,一旦达到一定水平,会出现弱效、低效甚至无效现象,甚至可能产生负效应。过度的物质激励可能导致员工惰性增强、缺乏主动性,甚至出现违背科学精神、学术道德、职业操守等学术不端行为。[1]

激励与需求对接不足,难以体现激励的差异性。[2]具体表现为:一是对年轻人的激励不足与对部分人才的激励过度并存;二是对欠发达地区和基础性、公益性行业的科技人才激励不足。由于地方经济发展程度较低,地方财政资金对科研机构支持能力有限,导致福建一些经济欠发达城市的科研人员的待遇明显低于闽南地区。这导致人才大多聚集在闽

---

[1] 文倩.创新型企业核心人才激励机制的构建探讨[J].中国集体经济,2022(21):91-93.
[2] 公丕明.构建多元化科技人才激励机制[J].中国党政干部论坛,2022,407(10):85-88.

南地区，长期以来出现人才分布不均衡的现象。

三、海峡论坛深化人才链融合发展的机制优化对策

通过深入剖析现有机制存在的问题和挑战，并提出针对性的优化对策，可以进一步完善海峡论坛在促进人才链融合发展方面的功能和作用。这些优化对策旨在打破人才流动的壁垒，加强跨区域人才的互学互鉴与合作共赢，为区域经济社会发展提供强有力的人才支撑和智力保障。

（一）破除体制机制障碍，确保人才"来得了"

构建有利于人才成长发展的良好政策环境。正确的人才发展理念和工作导向是实现人才成长发展的基础。福建省应积极引导海内外人才树立正确的价值观和发展观，使之能够更好地为国家和社会贡献力量。加强公平普惠的环境和基础制度建设是实现人才成长发展的前提。海峡论坛应推动福建省建立健全公平、公正、公开的环境和制度，为人才提供更多展示自我、发挥才华的机会和空间，激发其创新活力。

为各类人才提供公平的发展机会是实现人才成长发展的根本保障。福建省应关注各类人才的发展需求，提供差异化的发展路径和机会，既重视高端人才的引进和培养，也不忽视基层人才的成长和进步，以实现人才的全面均衡发展。

充分发挥各类人才的作用，实现人才资源的优化配置是实现人才成长发展的重要保证。海峡论坛应搭建平台，促进各类人才在经济建设、社会建设等各个领域发挥各自的专长，形成人才合力，共同推动区域发展。

最后，破除制约人才发展的体制机制障碍是实现人才成长发展的关键。海峡论坛应聚焦人才发展的痛点、难点问题，深化改革，破除体制机制的束缚，为人才成长发展创造更加宽松、有利的环境。

（二）加强人才评价环境建设，确保人才"用得好"

人才评价是人才发展体制机制的重要组成部分。在竞争激烈的社会中，对人才进行评估显得尤为重要。一个科学、健全的人才评价机制和评价体系，可以有效地激励人才的职业发展，提高人才的创新创业热情。

只有通过科学完善的人才评价机制、评价体系，建立权责清晰、管理科学、协调高效的人才评价管理体制，才能够真正发挥人才的潜力和优势，促进经济的快速发展。[1] 海峡论坛在建立人才评价管理体制时，需要充分考虑到各种因素。这包括评价内容的科学性、评价标准的公正性、评价方法的有效性等。只有在这些条件的基础上，才能够真正实现人才评价的科学化和规范化。此外，需要充分发挥各种资源的作用，包括政府、企业、高校等。只有各方积极参与，才能够共同推动人才评价管理体制的不断进步和完善。

总之，人才评价是一个非常重要的问题，需要我们付出更多的努力来解决。在海内外人才间的合作与交流中，要按照人才分类的标准和要求，紧扣外国人才的自身特点，在符合人才评价体系共性要求的基础上，科学地体现出对外国人才评价的自身特色。

---

[1] 向东.面向经济主战场 推进人才评价机制改革[J].中国人才，2023（2）：40-41.

(三)建立长期文化交流平台,确保人才"流得动"

福建与海内外同胞拥有丰富的同宗文化资源,有许多相似之处。因此,建立跨区域的文化发展模式显得尤为重要。福建与海内外同胞可以通过文化融合,共同发展文化产业,提升各合作方的文化软实力。为了实现文化资源的共享,海峡论坛应该完善文化信息资源的共享机制,建设省级文化产业网络、数据库、专家数据库等。同时,通过互联网、无线通信网络等新媒体与海外文化产业共享信息,加强交流合作。

非政府组织在福建和海外的文化交流中起到了重要作用。为了更好地促进文化互动,海峡论坛需要建立长期的民间交流机制和专门的历史文化交流组织。同时,调动非政府联合交流组织的力量,促进全面、多领域的文化交流,福建政府也需要鼓励和支持福建和境外社区组织的交流和合作,同时建设更加完善的交流网络和平台,以促进文化交流和合作。

(四)完善高质量人才培养体系,确保人才"待得住"

我国在高科技行业,如制药、飞机电子设备、医疗设备到生命科学和生物技术等领域,都需要高素质的人才。因此,加速培养战略科学家和领军人才是当前科技创新发展的重要任务之一。

为了应对这一挑战,海峡论坛需要打造与学科发展、前沿交叉和重大战略任务相适应的高水平创新团队。这些团队将充分发挥体制的优势,加强关键核心技术的突破和颠覆性创新的重大科技任务的组织实施。

在学科领域布局和高水平团队建设方面,需要加强对原始创新人才和青年人才的培养。为了实现这一目标,海峡论坛将加大对基础研究的支持力度，聚焦于"从0到1"的重大原创。此外，海峡论坛也需要加大对青年科研人员的资助力度，构建完备的人才梯次结构。这将吸引更多的年轻人投身科技创新事业，并为他们提供更广阔的发展空间和更多的支持，助力他们在科技创新的道路上不断取得新的成果。

四、本章小结

经济的竞争与发展离不开人才链的支撑，各行业人才的合作与交流将极大地促进经济社会的快速发展。海内外人才资源具有明显的互补性，因此，促进海内外城市人才链融合发展的重要性不言而喻。本章在人才合作与交流日趋紧密的社会大背景下进行选题，尝试总结在海峡论坛会展活动中体现的关于人才链融合与发展的相关影响机制，并探讨机制内存在的问题及不良影响。

海峡论坛应积极发挥福建的优势，由浅入深逐个击破以上机制不畅通所带来的不良影响，进一步提出系统化、全面化、高层次促进深化融合的优化对策。通过加强人才链的融合与发展，海峡论坛将为经济社会的快速发展注入新的动力和活力。

第十二章　会展场馆改良城市基础设施的机制：以福州海峡国际会展中心为例

中国贸促会日前发布的《中国展览经济发展报告 2023》显示，2023 年我国经贸类展会数量和展出面积相比 2022 年实现大幅度增长，且已超过 2019 年疫情前水平，展览业呈现全面恢复态势。[①] 我国会展业正处于一个上升阶段，这一过程需要不断地改进发展模式来促进会展业的可持续性发展。会展业作为一个强带动产业，能有效拉动旅游、酒店、餐饮、交通等服务业发展，对社会就业拉动效果尤为显著，推动城市经济快速发展。各大城市会展业的发展成为重中之重，针对每个城市的发展模式以及城市建设规划的不同，场馆的布局应当站在一定的高度确定场馆的规划、布局，会展场馆的建设必须具备长远性。对于会展业来说，场馆的区位选择是关键，这关系到能源供给系统、给排水系统、道路交通系统、通信系统、环境卫生系统以及城市防灾系统等社会性基础设施的建设。其次是周边配套设施，包括衣、食、住、行各方面为来会者提供便利。

---

① 中国经济网.会展业全面恢复焕新出发 整体水平仍待提高［EB/OL］.（2024-03-07）［2024-03-10］.https://baijiahao.baidu.com/s?id=17733523284512097 39&wfr=spider&for=pc.

第十二章　会展场馆改良城市基础设施的机制：以福州海峡国际会展中心为例

一、福州海峡国际会展中心简介

福州海峡国际会展中心位于福州自贸试验区内，是全国唯一位于自贸区内的全国性会展场馆。作为海峡西岸经济区省会中心城市，福州的城市容量正在不断扩大，特别是长乐和闽侯融入福州成为城区后，对会展业的需求大幅提高。然而，现阶段福州海峡国际会展中心软硬件设施条件还不够理想，这在一定程度上影响了福州承担大展会的能力。为了解决这一问题，修建福州海峡国际会展中心是一个重要的举措。该会展中心主打"海西牌"，其辐射的范围不仅是省内，还包括了整个海峡西岸经济区。这样不仅可以扩大福州的会展经济规模，还能缩短与其他发达的会展业城市的差距。

城市的硬件设施条件会影响会展业的发展。与之相对应的是较为发达全面的城市配套设施。会展场馆对城市建设起到了很好的促进、带动作用，从而为会展业发展提供了条件。然而，现阶段对于会展场馆与之配套的基础设施大多研究的是交通基础设施，但是会展场馆对于其他基础设施的促进作用却较少提及。研究会展场馆对城市基础设施的改良路径有利于：重视对会展场馆建设规划，提高场馆利用率；完善城市基础设施建设，促进城市基础设施的服务与质量；解决建设过程中存在的问题。通过这些措施的实施，可以进一步提高会展业发展水平，实现可持续发展。

二、会展场馆对城市基础设施的改良机制

福州致力于切实规划并落实政策，以建设完善的会展设施，进一步改善福州会展业的发展环境。福州积极提升展会承接规模和办展水平，

持续促进会展经济的快速健康发展。福州的目标是打造以"海峡"和"海上丝绸之路"为品牌特色的、具有国际影响力的会展名城。为了实现这一目标，福州需要协调相关部门进行协作，努力做大、做强、做优本市的展会经济。为了最大限度地发挥政策效应，我们将及时兑现并落实好相关政策，以促进会展业的发展并带动城市基础设施的建设。

在建设会展场馆时，需要考虑长远性。场馆的建设不仅关乎当前，还需要考虑未来几年的承载能力。将场馆建设的规划纳入整个城市规划建设中，必然会影响基础设施的规划。为了满足城市的快速发展，基础设施的建设必须与会展业的快速发展相适应。通过分析福州基础设施的建设为自贸试验区提供的背景，将会展场馆纳入自贸试验区的基础设施规划中，以改良城市基础设施。会展场馆对城市基础设施的改良路径如图 12-1 所示。

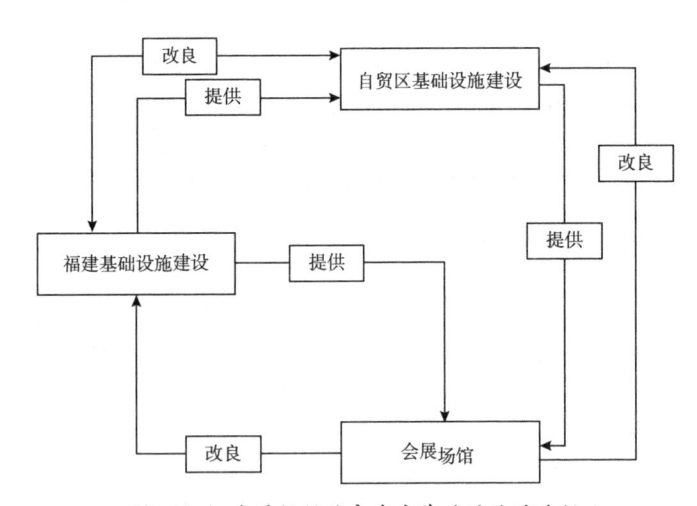

图 12-1 会展场馆改良城市基础设施的路径

政府的政策导向和财政资金的大力支持起到了引导作用，促进了社会资金的流入，使投资结构多元化。这种措施增强了社会力量，将建设推动到更高层次。在会展场馆建设方面，结合城市特点和整体功能，增强了场馆建设的统筹性、综合性和协调性，从而改善了城市基础设施（见图12-2）。

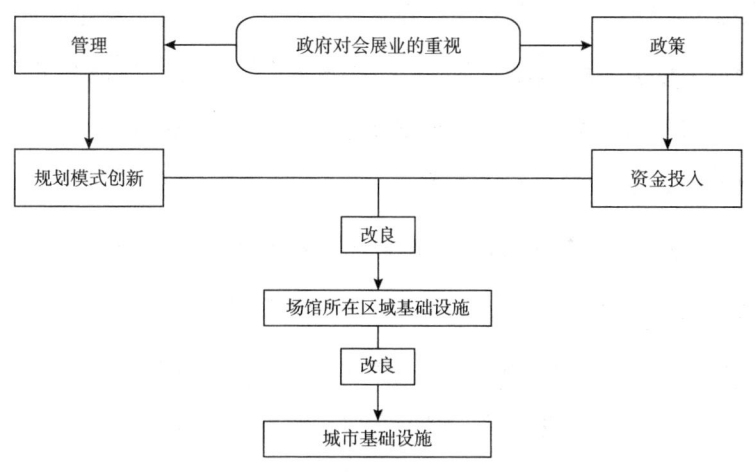

图 12-2 会展场馆改良城市基础设施机制

会展场馆管理的新理念是数字化信息管理，这需要信息技术、通信系统、交通系统等的配合。这一新方式不仅丰富了城市基础设施的建设，也提高了其建设要求。数字化基础设施是全国都在推进的一项措施，而福州更是将其作为发展重点。

（一）会展场馆对工程性基础设施的改良机制

1.交通系统的改良机制

场馆运营期间，完善、便捷的交通设施至关重要，特别是在人流剧增时，需要保证交通系统能够正常运转。福州的交通网已经形成了"三纵三横"的高速公路骨架网①，对重要城镇、产业基地、工业园区、旅游景区的辐射力大幅增强，农村公路基础设施更加完善，城乡交通运输公共服务均等化深入推进。为此，政府为会展中心周边相关的交通设施提供了极大的发展空间。福州海峡国际会展中心位于仓山区的自贸区内，道路交通方面主干线道路呈现出"三横五纵"的分布，轨道交通方面一号线与二号线分别从仓山区的北面以及东面穿过，六号线从福州海峡国际会展中心通往长乐机场。

未来，福州市将运用新技术手段与智慧城市建设相结合，构建具有福州特色的新一代智能交通系统，实现智能交通信号灯、动态车位管理以及"互联网+交通"。这将进一步推进智能交通系统建设，充分发挥现代科技支撑在城市交通管控、保证交通畅通方面的独特作用。这将及时解决在场馆运营期间人流量剧增的问题，并在运营期间起到人流监管的作用。

2.通信系统的改良机制

展会是一个在短时间内聚集大量人群的集体性活动，需要在安全、数据采集、对外展示、办公系统等方面依赖物联网技术、稳定的网络环境以及网络技术来实现。如今，会展行业都在提倡会展场馆的信息化以及"互联网+会展"的模式。会展场馆的信息化需要基于展览馆数字化的条件，如智能硬件、网络、数据采集、数据信息处理中心等。

福州未来的重点发展任务是优化提升信息基础设施、构筑万物互联

---

① "三纵"包括沈海高速公路、福州至银川高速公路以及京台高速公路，它们纵贯南北，串联起福州与周边城市，实现了快速交通互通。"三横"则包括福州绕城高速公路、福泉高速公路和渔平高速公路，它们横贯东西，加强了福州与内陆地区的联系。这一骨架网的构建，极大地提升了福州的交通便捷度，为市民出行和货物运输提供了更加高效、安全的通道。

感知网络、推广工业互联网、提升"一网双平面"政务外网（智网）、构筑卫星互联网、建设高水平数据中心等。福州自贸片区创新推出企业综合信息应用服务平台，福州自贸片区综合执法局企业综合信息应用服务中心内的屏幕涵盖了区块分布概览、市场主体情况、舆情监测统计、港口统计和风险预警监测等模块，发挥服务平台风险预警的科学研判功能，为展会的举办提供了重要的信息数据。

（二）会展场馆对社会性基础设施的改良机制

1. 行政管理的改良机制

展会的举办过程中涉及展会备案、展品入关、交通运输等各个环节，需要政府的配合以及各类文件的审批。政府将经济社会管理权限下放，依法公开管理权限和流程，同时加快行政审批流程，促进审批的简易化、标准化、规范化。建立健全行政审批目录制度，实行便捷的服务模式，健全社会服务体系。逐步将原来由政府部门承担的各项职能交由专业的服务机构承担，自贸区内的行政管理权限直接影响场馆活动的便利性。

2. 医疗卫生的改良机制

对于场馆来说，重要的是相关地域医疗服务和公共卫生机构应对紧急医疗突发状况的能力。落实好监测预警和预防控制，监督附近区域及重点场所相关单位做好预防控制措施。这就要求相关区域的医疗机构提升突发公共卫生事件的应急能力。过去，仓山区的医疗卫生服务、医疗配置达不到要求，城市卫生资源的配置和调整滞后于城市建设发展。针对相关问题，政府采取了健全医疗卫生机构分工协作机制、增强各类医疗机构的协同性以及增加医疗卫生资源的措施。在突发公共卫生事件时能够迅速反应、及时处理，从而提升仓山区的医疗服务质量，为市民提供更好的医疗条件，也为场馆运营期间提供医疗卫生保障。

3.基础性商业服务的改良机制

政府对周边区域的规划纳入整个区域的发展规划，结合周边情况发展可持续性的会展场馆综合体。这大大丰富了城市的基础设施，提高了与各区建设的协调性。福州海峡国际会展中心周边规划用地被定位为会展文化商务综合功能区。在福州海峡国际会展中心西侧与北侧将建设美术馆与广场，发挥自贸区政策优势。以现有会展产业为核心，形成集会展贸易、商务金融、行政、文化休闲、生活居住为一体的会展场馆综合体，为会展场馆提供完备的配套设施。

三、会展场馆改良城市基础设施的机制问题

（一）落实周期长，发展需求不同步

项目与政策的实施都是逐步推进的，项目的实施需要多方的评估。基础设施建设时间长，正式运营还需要经过各种测试，是一个需要长期跟进的过程。目前，福州市规划的基础设施还在建设中，想要正式落实到各项发展中，需要经过长时间的建设与检验、各方的合作配合。要加快理顺各项设施建设和运行管理体制，确保建成设施正常运行。会展场馆周边设施因为落实周期较长，导致了目前会展场馆周边的基础设施还不够到位，未能与之相适应。

根据福州市的规划，未来将形成信息基础设施布局完备、融合基础设施广泛赋能、创新基础设施驱动发展的良好格局。全市新型基础设施

建设规模和发展水平将达到国内一流水平。现阶段，会展场馆需要的支持是城市配套设施的跟进。目前，城市配套设施还跟不上，这导致出现了场馆的利用率不高、运营效率低下以及配合度不高的问题。

（二）相关设施利用率不高，场馆规划不足

福州会展场馆目前的利用率较低，这也是许多城市都面临的问题。大量场馆的建设没有得到良好的规划，要么过于超前，要么规划不足。场馆的初期规划没有遵循会展场馆建设的合理化、专业化、文化性、科技化、生态化的五大原则，这使得场馆后期扩建时基础设施建设难度增加。过于超前会导致大量空间的浪费和过分的空置，而规划不足则使得许多大型展会无法使用，当无法满足现有会展业的发展时，需要进行扩建或改作他用再进行建设。这种情况下，建设完成的相关基础配套设施的使用率不高，造成了更多的资源浪费。这两种情况都在消耗大量的资金和浪费土地资源。

（三）运营不到位，问题不断产生

交通设施和通信设施关于信息技术运营部分需要有专业的负责人员进行运作。每场活动以及时间节点的不同，出现的状况也不同。展会每年所发生的状况如果未经过复盘，未来还可能会发生。对交通、人流等数据未能做及时的分析与反馈，以及缺少富有经验的专业人员，都会导致问题的持续存在。通过相关基础设施管理平台对会展场馆有关数据进行分析，可以为展会提供更真实、可靠的反馈信息，从而进行改进。

四、会展场馆改良城市基础设施的机制优化策略

（一）结合城市规划发展特色会展综合体

为了避免资源的浪费，各城市都在寻求会展场馆与其他产业资源、特色相结合的模式。福州海峡国际会展中心重点以福建特色为主，背靠自贸试验区统筹与商务区、旅游文化区、居住区的规划，这是将会展中心的资源利用率最大化，减少资源的浪费。会展场馆的建设的合理性、与国际标准接轨、具有特色的场馆设计、和高新技术结合、社会效益和环境效益相统一，正确的规划为基础设施建设留有发展空间。其他城市也在寻找与本地最相适应的会展发展模式进行相对应的场馆建设。现在会展场馆已经不再像以前那样作为一个单独的建筑物，而是成为基础设施建设中的重要组成部分。从城市规划方面出发，根据会展场馆的规划，只要用地一发生变化，相应的交通系统、能源系统、医疗卫生系统等都会发生相应的变化。

福州市将自贸试验区与会展业相结合，促进区域以及对外贸易，在会展场馆周边建设齐全的商务、文化、娱乐设施为整个福州服务，很多其他城市也同样与产业园区相结合，更好地带动会展相关产业链上下游的发展。建设会展场馆的综合体最好的方式就是根据城市发展的重点项目，多方开展相互协调建设与之相匹配的其他基础设施来构成会展场馆综合体。

（二）遵守基础设施建设的原则

加大对会展场馆建设的重视度，对相关基础设施建设的薄弱环节加大资金投入，重视场馆以及基础设施的可持续发展，使会展场馆的建设

与城市基础设施达到共生的状态，而不是处于脱节的状态。通常情况下，会展场馆的规划不足和相关基础设施不配套会导致后期相关大型活动无法顺利开展，这样对于城市来说是个巨大的负担。场馆相关的基础设施建设的最终目的是促进会展业的转型升级和创新。在场馆建设中要避免资源的浪费，站在全球的角度思考，把目光放长远。另外，在建设过程中要注意政府的作用，不要以政府为主导，而是以社会、企业投资为主，可以提升投资的灵活性。

（三）落实好每一个建设过程

政府在政策落实期间可以利用市场监督机制来建立服务质量监管平台以及社会公众监督的双重监督系统，提高基础设施建设效率，切实提升会展中心的承载力，为各项发展提供强大的支持。在改良过程中，政府以引导为主，那么政策落实显得尤为重要，这关系到改良过程中的每一处细节，如场馆规划的合理性、会展场馆与基础设施的融合度等问题。只有将规划贯彻落实到建设过程中，会展场馆与基础设施才能相协调、相互作用。

五、本章小结

会展场馆能够改良城市基础设施的前提必须是城市基础设施规划将场馆纳入规划中，以促进整个区域的发展。通过查找和阅读相关政策，对两大基础设施的问题、现状进行分析，可以发现场馆的建设可以促进城市基础设施的交通系统、通信系统、能源供给系统、医疗卫生系统、基础性商业服务系统、行政管理系统等的升级改造，使城市基础设施的各项功能更加完备。

本章研究的目的在于对会展场馆的建设规划予以重视，也是为了会展场馆能够与城市基础设施和谐共生、相互促进。会展场馆的建设现今已变为每个城市不可缺少的基础设施建设中的一部分。很多城市都面临着原有场馆承载力不足需要扩建场馆规模的问题，这中间就涉及了会展场馆的建设与城市基础设施之间的关系。因此，希望各大城市在场馆建设时多方面考量，考虑其持续性、稳定性以及与周边环境的共生性。

第十三章　会展推动城市公共功能完善的机制：以福州市为例

我国会展行业的发展时间相较于欧美等发达国家相对较短，如何使会展行业追赶并超越其他国家，走向专业化和高新化的道路，成为我国走向会展大国的必要前提。这一目标的实现与国内知名会展公司的数量有关。而要成为一个知名的会展公司，首先要具备优质的企业策划方案，尤其是展会举办前的策划。从我国会展业目前的需求来看，新颖、独特、成功、优质的主题是会展走向成功的关键，同时也是解决国内会展业目前重复会展、无序竞争问题的有效手段。

会展行业是现代服务业中不可或缺的一部分，是信息经济发展的一种新标志。在会展业的发展过程中涉及许多行业，其中蕴含着大量的经济资源，是推动会展举办和城市经济发展的新动力。福州市会展行业目前呈现出一种竞争式增长的状态。随着"哑铃共同体"[①]这一理论的提出，区域经济发展过程中会展业的存在变得不可或缺。下一步，将区域信息、

---

① 哑铃共同体是一个形象化的概念，它借用了哑铃的形态特点来描绘某种社会结构或合作模式。在哑铃共同体中，两端的部分相对独立但功能强大，类似于哑铃的两头，而中间部分则相对细长，连接着两端。这种结构可能代表着不同群体、组织或国家在特定领域内的紧密合作，同时也保持了一定的独立性和自主性。哑铃共同体的形成有助于整合资源、提升效率，促进共同发展，但也需要在合作与自主之间找到平衡。

文化、资源合理应用，实现区域会展业的错峰发展，避免同构性，才是合作地区会展业的发展出路。以良好的经济环境为基础，以优质的经济发展推动会展业的发展。

综上所述，虽然有很多研究人员针对福州市本地会展业所处的大环境对其发展前景进行了深入研究，但总的来说，福州市需要从长远的角度看待会展业的前景。福州市要加强本地其他行业与会展业的协同性，研究出一个适宜的盈利模式，来确保会展业可以早日带来更多且更优质的影响[①]。福州市要利用国家政策，利用好双城经济圈[②]这一战略所带来的资源促进自身发展。为此，首先要清算双城经济圈内所有优势产业，增强与会展业的协同性，利用专业会展将其做大做强；其次要利用合作方不同的文化特点，以文化资源带动餐饮、娱乐、服务、旅游、交通、医疗等产业发展；最后是增强与政府的协同力，将两者的资源合理利用，从而保障合作的同时自身快速发展。[③]

一、会展业推动城市公共功能完善的具体机制

会展业作为现代城市服务业的重要组成部分，不仅促进了城市经济的繁荣，而且通过其活动特性和影响力，对城市的公共功能提出了更高要求并推动其完善。随着会展业的不断发展，城市公共功能的完善也是

[①] 刘松萍，蔡伊乐，湛冬燕. 广州会展业发展的现状与对策研究[J]. 城市观察，2018（3）：36–45.

[②] 建设"大双城"，即大厦门市、大福州市，前者涵盖厦门、漳州、泉州，并辐射至龙岩、三明，后者涵盖福州、平潭，并辐射至莆田、宁德、南平。形象地说，就是做大做强"两个轮子"，以加快推进福建省的发展速度。

[③] 李铁成，刘力. 建设国际商贸中心目标下广州会展产业加快发展问题研究[J]. 城市观察，2019（1）：135–144.

吸引更多会展活动、提升城市国际竞争力的重要保证。

（一）会展业推动城市商业公共功能完善机制

会展业推动城市商业公共功能完善机制的研究意义在于，它有助于深入理解会展活动如何促进城市商业环境的优化和商业设施的升级。会展业作为经济活动的重要引擎，通过吸引大量人流、物流和信息流，对城市商业区域的发展产生显著的推动作用。具体机制如图13-1所示。

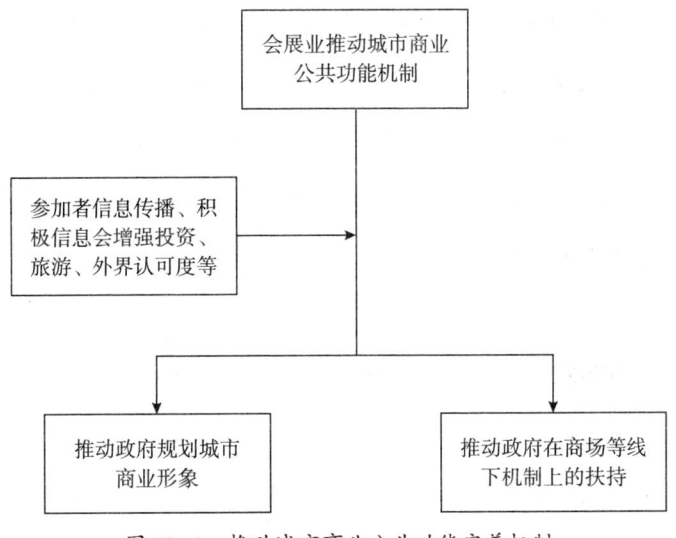

图 13-1　推动城市商业公共功能完善机制

1.推动政府规划城市商业形象

会展活动的举办会带来大量的信息和人员，这些人来自全国各地。在会展活动结束后，他们带着大量的信息和咨询回到本地，将参加会展活动过程中接收到的信息通过文字、声音、图形、动画等方式传播到自己所在的城市或地区。这就是会展业的聚集性和传播性两大特点。

这些特点正是推动当地政府对本地商业形象规划的主要原因。因为所有参加人员来到举办城市的衣食住行都要通过一定的商业交易去完成，而这些商业活动中的感受形成的商业形象也必将伴随参加人员传播，这些信息传递到外界会给本城市带来或好或坏的影响，这些影响给城市未来是否能带来更多的人流量与经济发展埋下种子。

不仅如此，这些会展参加人员来此也都可能带着投资、融资等任务，而良好的商业形象无疑会增加他们对城市的认同感和好感。或者参加人员并没有任务在身，但其本身就是一个信息传递者。假设这名来自广州的人员在此体验到较差的商业形象，其回到本地后自然会和身边的人进行吐槽或者拿福州市与广州市进行对比，从而给福州市商业发展带来较差的影响，反之则会为该城市带来源源不断的好口碑与人流量。为了换取一个较好名声与潜在的"宝藏"，举办地城市往往在会展活动举办前会增强对有关形象的规划，所以会展活动的开展可以推进举办地商业形象的规划[1]。

以福州市的发展现状为例。福州市正在促进自身发展，着力加强与国际知名会展企业的合作，大力引进国际知名品牌展览会。随着国家战略向西部地区的推进，福州市大力申办和引进国际性会展活动，如 G20 财政部部长和中央银行行长会议、世界航线发展大会等。2019 年，福州承办我国首次面向"一带一路"沿线国家举办的最大规模的国际职业技能赛事。这些活动对于福州市会展业的发展来说是一次考验。只有举办出色且具有影响力的会展活动，才能更好地利用这些活动带来的资源来推动福州市的经济发展。为了确保更好地利用这些资源，福州市必须展示出一种良好的状态来迎接这些挑战。这就要求会展举办地需要配备全

---

[1] 刘海莹. 会议的力量[J]. 中国会展，2018（12）：11-11.

面的商业、餐饮、娱乐、交通等措施。其中，最为重要的就是与展览主题直接相关的商业措施。这是因为商业是举办会展的主要目的之一，良好的商业形象对于参加者来说是至关重要的，它会给参加者留下深刻的印象。因此，城市规划必须在会展活动开始之前进行日程安排，以确保其具有良好的推动作用。

通过这样的规划，福州市可以更好地利用会展活动带来的资源，进一步推动当地经济的发展。同时，这也将为福州市未来的发展奠定坚实的基础，使其成为国内外知名的会展城市。

2.推动政府对线下机制的扶持

由前文可知，在举办会展活动前，为了给城市带来较好的口碑与源源不断的人流量，很多城市会在会展活动举办前将举办地附近的商家、民居的形象建设加入到城市建设规划中，从而实现会展价值最大化。[1]会展活动汇聚了来自五湖四海的人群，当人们到达一个新的地方，首先要解决的问题就是日常的吃喝住行。与这些问题息息相关的产业就是商场等线下行业。然而，这些线下商场的规模参差不齐，给参加者带来的体验也各不相同。好的商场无疑会为城市的形象加分，而不良的商场则可能让参加者对福州市的好感降低，不愿再次前来，甚至在返回当地后传播负面信息。因此，政府为了保证城市良好形象的传播，需要从这些行业机制入手，扶持该类行业有效发展，为城市带来更多价值。这包括制定相关政策，鼓励和引导商场等线下行业的发展，提高其服务质量和运营水平。

---

[1] 方忠权，刘松萍，林瀚.广州市琶洲地区会展产业集群培育分析［J］.商业研究，2012（9）：212-216.

在政府支持下，福州市会展业发展的硬件条件已趋于成熟。2023年，福州市提出《关于加快打造东南会展高地的若干措施》，充分弘扬福州"海纳百川、有容乃大"的城市精神，加快推动会展业高质量发展。商业银行工作实务，从细化机制改革、促进要素流动和以大数据信息补链支持企业发展等角度，对政府、商业银行和国有企业在经济发展中要发挥自身作用和优势，助力小微和科技创新型商场等线下企业发展。①

（二）会展业推动城市医疗公共功能完善机制

会展行业可以通过医疗对外参展活动、推动出口医疗器械规模和发展、推动国内外医疗内部管理机制的发展等机制推动城市医疗公共功能的完善（见图13-2）。会展业为城市医疗行业提供了对外展示和推广的机会。通过参加国际展会，城市医疗行业可以展示自身的特色和优势，吸引国际投资和合作。会展业为医疗器械企业提供了展示和推广产品的机会。通过参加国际展会，医疗器械企业可以了解国际市场需求，拓展国际销售渠道。这有助于推动医疗器械的出口规模和发展，提升城市在全球医疗器械市场的竞争力。会展业为城市医疗行业提供了学习和借鉴的机会。通过参加国内外各类医疗展会，医疗机构可以了解先进的内部管理理念和方法，学习其他机构的成功经验。这有助于推动城市医疗行业的内部管理机制的发展，提升其运营效率和服务质量。

---

① 陈龙江.广州会展业的差距与发展对策：基于与先进城市的比较[J].广东外语外贸大学学报，2013，24（4）：14-17.

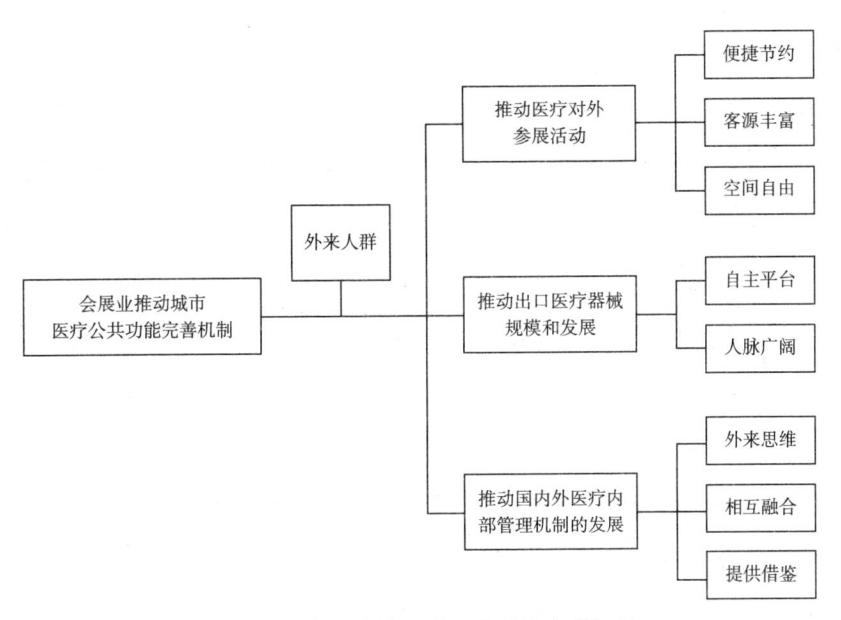

```
                                            ┌─ 便捷节约
                            ┌─ 推动医疗对外 ─┼─ 客源丰富
                            │   参展活动     └─ 空间自由
                            │
会展业推动城市    ┌─ 外来  │   推动出口医疗器械   ┌─ 自主平台
医疗公共功能完善机制 ─┤  人群  ├─ 规模和发展      └─ 人脉广阔
                            │
                            │                    ┌─ 外来思维
                            └─ 推动国内外医疗内 ─┼─ 相互融合
                                部管理机制的发展  └─ 提供借鉴
```

图 13-2 推动城市医疗公共功能完善机制

1. 推动医疗对外参展活动

医疗是一种较为特殊的参展项目，医疗展会往往以展示和推广新型器械为目的。然而，携带这些器械前往外地参加会展活动往往会给参展商带来较大的不便。这导致福州市医疗行业在宣传和知名度方面相对缺乏。然而，福州市本地的会展活动为医疗行业提供了一个完美的展示平台。

以福州本地一次医疗会展为例，该次会展活动的参加人群主要是医疗行业的从业者和爱好者，其中包括很多医疗机构的领导、负责人和采购者。会展为本地医疗企业提供了展示场地，由于距离的优势，很多医疗机构将自己的研发成果进行了展示。与参加外地会展相比，这次本地会展更加充分地展示了福州市医疗产品的优异性能。在会展活动结束后，就有三家大医院与福州医疗签订了合同。仅此一次会展活动就取得了如此显著的成效,充分展示了会展推动福州医疗对外展示活动的作用。

不仅如此,在原来本地会展业还比较落后时,如果要参加会展就要带着自己的成果与沉重的器械奔赴遥远的城市,对于福州医疗企业而言,附加的运输费用成为一道难题,尤其是福州本地小型医疗企业,是限制其参加对外活动中的大难题。然而,随着福州会展业的发展,这一难题将得到解决。

因此,福州市的医疗行业可以利用本地的会展活动作为展示和推广的平台,展示自身的技术、产品和服务,吸引更多的关注和合作机会。同时,政府和相关部门也可以加强对医疗会展的支持和引导,提高其规模和质量,进一步推动福州市医疗行业的发展和对外交流。

2. 推动出口医疗器械的规模和发展

会展活动具有聚集性的特点,其所带来的人群是一种无形的资产——人脉关系。对于举办城市来说,这是一种商业资源,更是一种公平竞争的展示平台。虽然会展的参加人员不一定是购买者,但他们可以传递信息,将所见的商品和事物的特点传播出去。这会给企业、公共事业、政府等机构或项目的规模和发展带来无形但有力的推进。

会展活动不仅可以带来更多外来信息与机遇,还可以为本地产业谋求一条更好的出路。通过展示和推广本地产业的产品和服务,会展活动有助于提升本地产业的知名度和竞争力,促进产业的发展和升级。因此,举办城市应该充分利用会展活动的聚集性和交融性特点,通过举办各类会展活动,吸引更多的参展商和观众,促进城市商业和产业的发展。同时,政府和相关部门也应该加强对会展活动的支持和引导,提高其规模和质量,进一步推动城市经济的发展和繁荣。

以福州市的医疗器械为例：福州市对医疗产品很有自信，也希望通过一个公平公正的平台，在产品质量、服务上与其他公司一竟高低。① 在人脉营销方式盛行的背景下，医疗监督管理体制的变革成为了推动医疗器械行业整体发展的关键。许多福州的医疗器械企业倒闭或转产，但那些能够坚持下来的企业必定是最优秀的。通过这种大胆的尝试，医疗器械产品销售在国内不仅没有萎缩，反而呈现出愈发繁荣的趋势。越来越多的医疗器械生产制造与销售企业开始关注各类专项展销会，展会的组织宣传成为展出成功的基础。② 一流的展台策划设计与搭建，则成为展会上企业成败的决定性因素。

3. 推动在国内外的医疗内部管理机制的发展

会展的聚集性和传播性特点确实可以让会展活动中汇聚大量信息。在医疗内部管理信息的交流中，陈旧的管理、新颖的管理、创新的管理等不同思路相互碰撞，有助于产生更合适、更新颖的医疗内部管理机制。随着会展业的不断发展，能够在未来更好地构造出适合城市市场经济体制需求的公共医疗机构，更优质地落实公共医疗机构的宏观调控策略、相互补充机制和内部运行机制的更新，让医疗机构内部运行机制的优化，使医疗机构体系可以更好地满足居民们不同层次健康问题的需求，这将促成所有制多元化、形式多样化的特殊医疗机构与主流医疗机构并存，共同形成一个统一开放的竞争型医疗市场。

---

① 颜思远，童琦. 绿色会展发展现状与对策研究———以广交会为例 [J]. 企业导报，2016（14）：60-61.

② 何军. 论我国绿色会展设计的实现途径 [J]. 人民论坛：中旬刊，2011（2）：176-177.

(三)会展业推动城市教育公共功能完善机制

会展业在推动城市教育公共功能完善机制中,能够揭示会展活动对城市教育资源配置的优化、教育服务水平的提升以及教育环境的改善等方面的积极作用。作为一个集多元化、综合性于一体的行业,会展业不仅为城市经济带来了可观的收益,同时也为城市的教育发展提供了宝贵的契机。通过深入探究会展业与教育公共功能之间的相互作用,我们能更清晰地理解会展活动是如何促进城市教育资源的合理配置、如何助力教育服务的普及与质量提升,以及如何营造更为优越的教育环境。这对于城市在规划与发展教育公共功能时,具有重要的参考价值和指导意义。具体如图13-3所示。

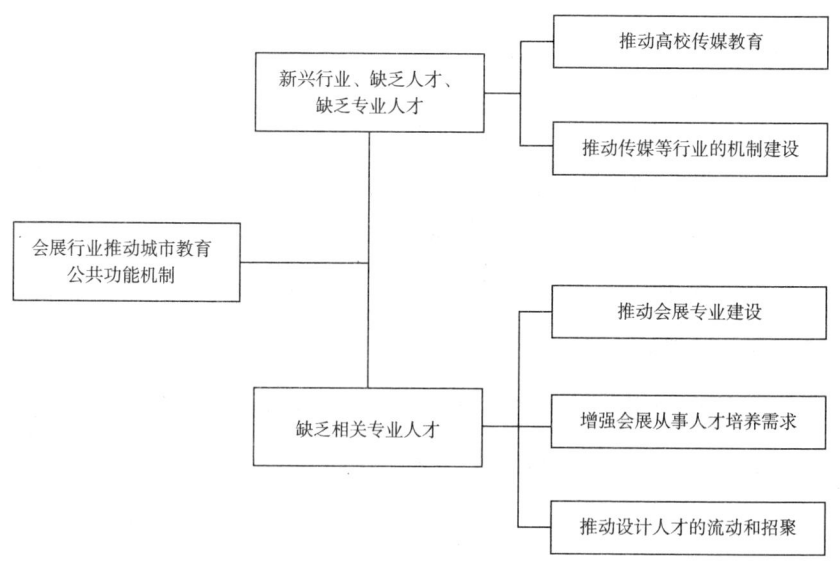

图13-3 推动城市教育公共功能完善机制

1.增强会展从业人才培训需求

随着会展活动的规模逐渐增长、数量不断增加,会展业对人员的需求也随之增强。为了确保会展活动的高品质、高质量,往往需要对从业人员进行培训。然而,根据调研显示,会展从业人才培训已经严重制约了福州市的长远发展。

会展行业所需的复合型人才对从业人才综合要求较高,普通的培训方式已经无法满足行业需求。然而,我国会展业发展起步较晚,行业内培训模式较为混乱,导致会展行业人士多达100万,但大部分人员是未受过培训的。有研究者表明,会展专业人才岗位空缺比高达10∶1。而且福州市与上海、广州等一线城市相比会展行业起步更晚,也就导致问题更加突出,所以会展业的继续发展势必要增强会展从业人员培训需求。[①]

2. 推动会展专业建设

会展行业面临着相关人才的短缺问题,因此在会展业发展的大趋势中,将更加注重会展专业的建设,以培养更多的复合型人才,满足会展业的长期发展需求。根据本次研究查询的2023年全国本科会展专业开设情况显示:在福州市本地的大学本科类学校中新开设有关会展专业的有高达11所;2023年全国城市高等院校开设会展相关专业情况显示,目前福州市有12所高校开设了与会展有关的专业,排名全国第一。

3. 推动传媒等同会展相关的专业建设

会展活动的开展需要多个行业的相互协调和密切配合,包括传媒、交通、旅游等。随着会展业的发展,与之密切相关的行业也会受到推动而进行发展建设。因此,会展业的发展有利于促进传媒等行业的机制建设,实现多方协同育人。这是高校实现社会资源共享、相互协作配合培养特色人才的必然选择。例如,在传媒行业,浙江传媒学院播音主持

---

① 王方华,过聚荣.中国会展经济发展报告[M].北京:社会科学文献出版社.2009:36.

艺术学院的体育特色班，创新高校与行业多方协同育人新机制，设计"5+1+2"的人才培养模式，以"成建制"交流学习方式与上海体育学院协同育人，以"请进来，带出去"的教学模式与全国电视体育节目主持人协会协同育人。改革实践表明，基于"校企行"多方协同育人是高校培养媒体特色主持人才的有效途径。与此同时，有关会展中传媒教育的教学模式，应对当地会展行业的发展方向、发展层次、发展规模、发展领域等都做了针对性的研究，充分掌握了当地会展行业的发展情况，从而更加有针对性地培养出符合当地会展业需求的专业人才。[①]

4. 推动高校传媒教育

会展活动的有效展开，会让该行业对复合型相关人才的需求量增大，为了行业长期发展，政府必然会增强高校中相关专业教育。其能够更好地促进高校的学生和老师，很多高校引入了互联网思维在对本校思想政治、专业教学进行加强与创新。落实了"网络—课堂—实践"三步走的教学保证机制，有利于增强高校传媒思想政治教育工作的实效性。

此外，在高校传媒教育的政策调整上，也扩大了相关政策的补充。例如，签署了《福州市双城经济圈教育高层次人才协同发展实施方案》，合作城市将按照优势互补、一体发展的原则，共建共享高校联盟，促进合作城市各高校会展专业人才的交流，打破地域对专业知识的阻碍和隔绝，共同培养会展专业的高素质人才。

5. 推动设计人才的流动和招聚

设计的过程是会展活动开办的一项必要条件，在会展活动的各个角落

---

① 中国国际贸易促进委员会北京市分会，北京市统计局. 北京会展业发展报告 2009 [M]. 北京：对外贸易大学出版社，2009：74.

都存在设计的"蛛丝马迹"。为了保证设计人才源源不断地出现，要求设计类院校与会展企业合作教育成为一种新的趋势，学院与行业双方共同参加设计类人才的培养全过程，在培养设计类学生专业素质的同时也着重培养了学生们的综合能力与就业能力，利用学院与行业两种截然不同的教育方式、环境、资源，将传统的课堂教学与工作实践灵活结合，从而培养出不同用人单位都迫切需要的复合型、应用型人才的教育流程。[1]

二、会展业推动城市公共功能完善的机制存在问题

（一）商业管理主体方面的问题

在会展推动城市公共功能完善的过程中，商业管理主体的问题主要体现在以下方面：首先，商业管理主体的专业性和管理能力亟待提升。会展活动涉及诸多复杂的商业环节，需要专业的管理知识和经验作为支撑。然而，当前一些城市的商业管理主体在会展策划、组织、运营等环节存在明显短板，导致会展活动效果不佳，难以有效推动城市公共功能的完善。其次，商业管理主体在会展活动中的协调机制尚待健全。会展活动需要多部门、多机构协同合作，商业管理主体应发挥核心协调作用。但现实中，商业管理主体往往缺乏有效的协调机制，导致各部门间沟通不畅、配合不力，进而影响会展活动的顺利推进和城市公共功能的完善。最后，商业管理主体对市场需求和变化的敏感度不足。会展活动作为市场活动的重要组成部分，应紧密关注市场需求和变化。然而，部分商业管理主体过于追求短期效益，缺乏对市场的深入分析和预测，导致会展

---

[1] ABELSON P. Evaluating major events and avoiding the mercantilist fallacy [J]. Economic Papers, 2011, 30 (1): 48-59.

活动与市场需求脱节,难以发挥其在推动城市公共功能完善方面的作用。

(二)政府与医疗机制紧密度方面的问题

在会展推动城市公共功能完善的过程中,政府与医疗机制的紧密度亦存在不足。首先,政府在会展活动中的医疗保障政策有待完善。会展活动人员密集,对医疗保障的要求较高。但部分城市政府在制定会展政策时,对医疗保障的考虑不够充分,导致会展期间的医疗资源配置不合理、医疗服务水平不高,难以应对可能出现的突发医疗事件。其次,政府与医疗机制在会展活动中的沟通协作机制需加强。政府在会展活动中承担引导和监管职责,而医疗机制负责提供医疗保障。然而,目前政府与医疗机制之间的沟通协作不够顺畅,导致双方在会展活动中的配合不够默契、信息传递不畅,影响医疗保障工作的有效开展。最后,政府对医疗机制在会展活动中的支持力度应加大。医疗机制在会展活动中需投入大量资源,但部分城市政府对医疗机制的支持力度不足,如资金补贴、政策优惠等方面力度不够,影响了医疗机制参与会展活动的积极性,进而影响了会展活动的医疗保障水平。

(三)新形势教育体制方面的问题

新形势下的教育体制在会展推动城市公共功能完善方面亦存在一些问题。首先,教育体制对会展专业的重视程度不够。随着会展业的快速发展,对专业人才的需求日益增长。但部分教育体制在课程设置和教学资源分配上并未给予会展专业足够的重视,导致会展专业的教育质量和水平不高,难以培养出符合市场需求的高素质人才。其次,教育体制与会展业界的合作不够紧密。会展业是一个实践性很强的行业,需要教育与产业的紧密结合。然而，当前教育体制与会展业界的合作机制尚不完善，缺乏深度合作和有效对接，导致教育内容与市场需求脱节，学生缺乏实践机会和行业经验。最后，教育体制对会展人才创新能力的培养不足。在新形势下，会展业需要具备创新思维和创新能力的人才来推动行业的持续发展。但部分教育体制过于注重传统知识的传授，缺乏对学生创新能力的培养和引导，导致会展人才缺乏创新精神和实践能力，难以适应行业的快速发展和变化。

三、会展业推动城市公共功能完善的机制优化对策

根据上文会展行业在推动城市公共功能完善的机制分析中可以发现，会展业中最有影响的是通过高聚集人群来将会展所在城市的信息通过自身向五湖四海传播，而积极方面的信息可以为城市带来经济上的发展，而消极信息会导致该城市外界认可度较差的现象，为此更要保证会展开展过程中商业形象的优异性，而这与其管理的地位息息相关。[1]有关医疗等公共措施，会展行业不但带来了机遇更带来了挑战，为此当地政府更不能将医疗行业简单作为商业参加会展，更应将其作为一种必须完成的基础任务，加强两者之间的联系。会展业在我国仍然属于新兴行业，为保证城市会展业带来更多的积极意义，城市必须将目光长远地放在会展业中，这不仅仅只有目前会展从事人员的专业培训，应该将其深化为当地有关会展教育的有序开展，保证为会展行业源源不断地输送有关人才。[2]

---

[1] BONN M, HARRINGTON J. A comparison of three economic impact models for Applied hospitality and tourism research[J]. Tourism Economics, 2008, 14（4）：769-789.

[2] BRAUN B M. The economic contribution of conventions：the case of Orlando, Florida [J]. Journal of Travel Research, 1992, 30（3）：32-37.

(一)明确商业管理主体

商业作为与会展活动息息相关的"合作伙伴",但由于其行业具有国有、私有的独特性,让其管理成为一道难题,而在会展活动开展的过程中,政府需要对举办地附近的商业形象进行改变,以便于带来较好的影响。[①]但根据调查表明,商业管理内部混乱的结构,以及会展业过热的头衔,让其商业管理失去了主体的地位,导致会展业推动城市公共功能完善的机制无法发挥出较好的效果,所以明确商业管理主体地位是会展业推动城市公共功能完善必要的一步。

(二)加强政府与医疗机制紧密度

本章从商业、医疗、教育三个方面入手,研究会展业对城市公共功能完善的推动作用。在分析研究中发现,商业与会展业紧密相关,是会展活动开展的重要因素之一,而教育则是会展业持续发展的基础。因此,会展业对商业和教育这两种城市公共功能的推动作用较为明显。同时,也提醒我们要注重医疗机制与政府的紧密联系,因为会展活动的开办可以为城市公共功能完善提供较强的推动力,保持两者之间的良好亲密度,以便于会展业更好地推动城市医疗机制的发展。

(三)探索新形式教育体制

会展行业具有聚集、联动和交融的特性,这使得会展从业人员涉及到了政府、非政府组织、企业、个人等各种不同性质的社会组织。特别是大型会展的举办,涉及的行业十分广泛,可能包括新兴科技、文化创

---

① CAO Y, MICHAEL L Z. Economic impact of trade exhibitions on the city-state Singapore economy [C] .Regional and Urban Modeling, 2000.

新、形象设计、旅游管理、物流交通、广告宣传等多个相关的产业链。这涵盖了会展策划、招商、销售、公关、接待、设计、融资等多个专业领域，甚至还涉及法律、媒体、翻译、通信等方面。

在会展举办的过程中，所有从业人员需要在短时间内集中提供优质的服务，这种形式延续了传统的团队合作。因此，会展从业人员不仅要有独立完成任务的能力，还必须具备强大的团队协作能力。此外，随着高科技不断应用于民用领域，会展行业也开始全面应用互联网、图形、自动控制、新型机械、电子技术和光电技术等高新技术，以确保为客户提供更优质的内容。综上所述，会展行业所需的人力资源既有着较高的单项能力要求，也有着复合且新型的能力要求。

从以上可以看出会展行业对人才要求十分高，而且也要求人员不再单打独斗，要组队成为更强的团队。因此，会展业的长期发展对复合型人才的需求越来越大，而现有的教育体制无法满足这一需求，因此需要探索新的教育体系。例如，可以从团队合作入手，学习与会展有关专业的学生可以在学校的安排下组成团队，这不仅可以增强团队的默契度，还能让团队成员明确自己的发展方向。这样，当他们走出学校时，就可以为我国会展行业做出贡献。

四、本章小结

会展产业的界定之所以出现诸多分歧，主要原因在于新兴产业在世界各地的发展不同步，人们对其本质的把握需要一个过程。会展的开办汇集了大量的人流和物流，具有聚集性、联动性、交融性、传播性、期货性和创新性等特点。在给当地相关产业、技术、生产、经济带来新动力的同时,也为当地城市公共建设发展带来了一定的压力。作为一种新兴产业,会展业本身具有无限的潜能,为会展举办地注入了新血液,成为促进城市公共功能建设的新手段。作为举办城市,不能只注重会展行业本身,要放远眼光,看到其对城市建设推进的重要作用与意义。为了更好地保护该行业在本城市长远发展,举办城市在建设规划中要给予相应的偏爱,为会展行业的茁壮成长保驾护航,以换取会展为城市发展带来的经济、生产、对外交流、公共功能等方面的促进。

第十四章　会展推动城市环境优化的机制：以福州市为例

会展城市环境优化是顺应时代发展要求，是未来城市经济的新趋势。目前，会展业的发展离不开城市环境各方面的支持，会展业发展同时也推动了城市环境的优化。会展业自发展以来一直被国家视为新兴朝阳产业，现已经成为一个城市经济的"风向标"[1]。但从实际角度来看，会展业在推动城市环境优化中也存在许多问题，如展会活动举办过程中的高能耗、高排放现象。福州作为沿海地区会展业发展较快的城市，其会展业发展一直向一线城市看齐，本章在探索会展业推动城市环境优化的机制研究中，对增强福州市会展业和城市环境的优化竞争力来说是一个极其有利的参考。

会展业因其对相关产业具有1∶9的强大带动效应而受到政府和社会的广泛关注。近年来，福州会展业得到了快速发展，但同时也带来了一系列问题。[2]例如，在会展业发展中导致了经济发展的不平衡，过于注重经济效益而忽略了城市文化在社会建设中的作用。在举办会展活动中，由于场馆规划、材料使用、垃圾处理、二氧化碳排放等诸多因素，导致

---

[1] 唐聪聪.上海会展业低碳竞争力评价体系研究[D].上海：上海工程大学.2016.
[2] 芦双双，王博宇.国内外会展活动环境影响进展与展望[J].江苏商论，2020（5）：8-10.

生态环境受到污染。此外，国内会展行业市场一体化不足，政府办展居多，这一主观因素也对会展业产生了影响。因此，在发展会展业的同时注重城市环境优化已成为一个城市发展的新趋势。只有实现会展业与城市环境的双赢发展，才能有效提升一座城市的综合实力。因此，会展活动的可持续发展越来越依赖于城市环境的优化和当地生态环境的保护。只有实现会展业与城市环境优化同步发展，才能提高福州市会展业的可持续发展。

一、会展推动城市环境优化的机制分析

会展活动作为城市经济活动的重要组成部分，其举办往往伴随着人流、物流的集中，对城市环境产生显著的影响。通过分析会展活动如何推动城市环境优化，可以深入理解会展业与城市环境之间的相互作用关系，揭示会展活动对城市环境改善的具体路径和效果。这有助于城市管理者在规划和管理城市环境时，充分考虑会展活动的影响，制定合理的环境优化策略。同时，优美的城市环境也是吸引更多会展活动、提升城市形象和竞争力的重要因素。具体机制见图14-1。

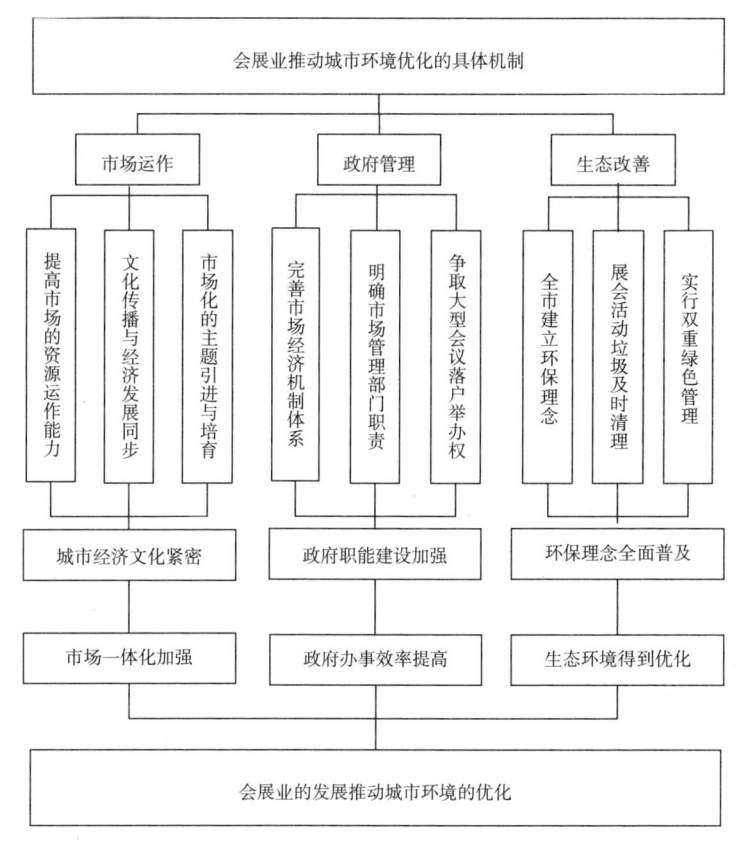

图 14-1 会展业推动城市环境优化的具体机制路径

（一）会展优化城市环境的具体机制

1. 会展推动城市市场运作加强的机制

随着会展业快速发展，城市经济文化联系更加紧密，而展会活动作为文化传播的输出窗口，会展业发展的同时也带动了城市文化有效传播以及会展品牌的引进与培育，使得福州市场一体化进一步加强，这成为推动福州城市环境优化的重要因素。[①] 因此，本章主要研究会展业如何更

---
① 胡冰清.会展与主办城市的互助发展［J］.中外企业家，2015（6）：39-39.

好地推动市场运作效率的加快。

2.会展推动政府管理效率提高的机制

会展业的快速发展和城市环境的优化中离不开政府管理效率的提高，会展业在发展过程中也促进政府管理体制的优化。比如，完善市场经济管理体系、明确政府部门的职能管理和加强城市文化引导传播等，让政府管理要适应市场变化发展，让文化传播深入到城市各个角落。[①] 因此，如何在会展活动中更好地传播城市文化，提高政府管理效率，这也成为本章研究的主要内容。

3.会展推动城市生态改善的机制

会展业作为行业里的"无烟产业"，虽然会展活动的举办伴随着环境问题的产生，但随着会展业的深入发展，企业和政府也越来越重视城市生态环境的改善，将其作为经济发展考虑的重要因素。全市倡导建立环保理念，并采取了展会活动垃圾及时处理等措施，进一步优化城市生态环境。

二、会展优化城市环境的机制问题

会展活动作为一种经济和社会活动，其对城市环境的影响是复杂而深远的。研究这一问题，可以帮助深入理解会展活动如何通过改善城市环境来推动城市的可持续发展。这不仅涉及到会展活动对城市基础设施建设的促进作用，还包括会展活动对城市经济、文化、生态等多个方面的积极影响。通过对这一机制的研究，我们可以更好地制定会展活动与

---

① 沈铁鸣.浅论新经济环境下中国会展业的绿色转向[J].山西财经大学学报，2011（3）：92-93.

城市环境协调发展的策略，提升会展活动的质量和效益，同时也为城市环境的优化提供有力的支持。具体机制问题见图14-2。

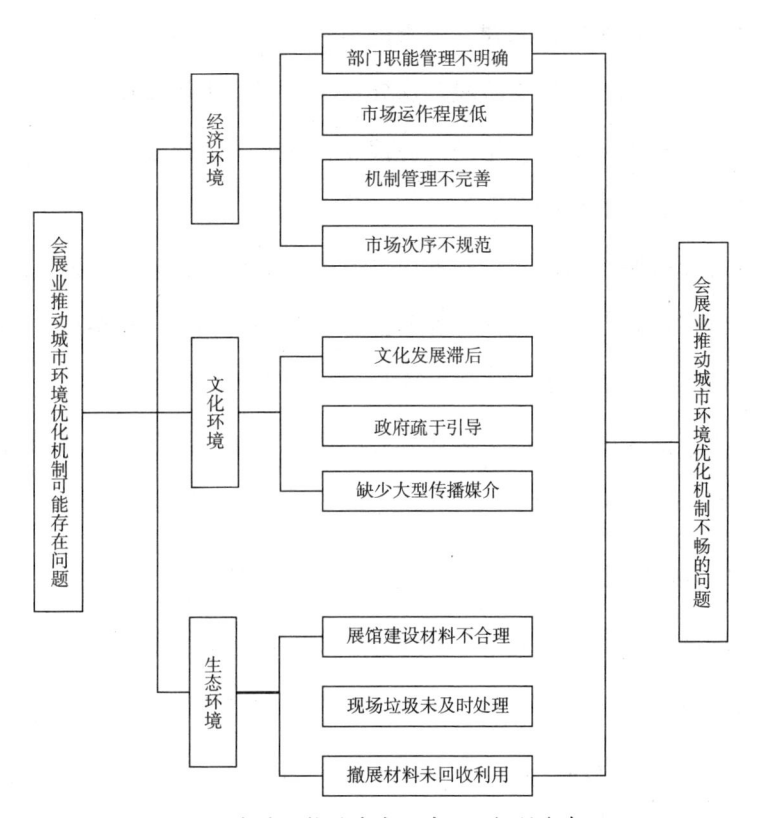

图 14-2 会展业推动城市环境优化机制存在问题

（一）会展优化城市经济环境的机制不畅问题

市场化运作程度低，无法发挥其作用。展会活动由政府部门直接参与项目运作次数比较多，有些活动甚至带有不少政治功能，[①]导致私营企

---

① 刘坚，张超，高程达，等.会展业对生态环境的影响及对策分析［J］.经济论坛,2018(11):139-142.

业直接参与大型展会项目次数较少，使企业发展很难跟上市场经济的变化，因此会展业带动的效益也难以发挥最大的经济效益。

市场化运作机制尚未完善，市场秩序不规范。我国会展业在推动城市环境优化的机制中尚未建立完善的体系，即使在会展业快速发展的福州，这一领域仍处于摸索阶段。这导致了会展业市场运作效率低下、展馆重复建设较多，造成一定的资源浪费，降低了福州会展业发展的竞争力，影响了整个会展业的进步。

会展业机制管理混乱，导致市场发展不顺畅。在管理方面，政府部门的管理在一定程度上仍然存在职能不明确的问题，使得会展业在推动经济发展上难以充分发挥作用；在规范产业发展方面也存在一定的局限性。此外，尚未建立适应会展业发展的法律法规、绿色建设指标和行业评估机制，这也大大制约了会展业的发展。

（二）会展优化城市文化环境的机制不畅问题

会展业发展迅速，城市文化发展相对滞后。近年来，会展业得到了政府政策和资金的大力支持，福州会展业得到了快速发展。然而，在推动城市文化传播方面，会展业也遇到了一些问题。由于缺乏正确的引导，文化尚未在城市中得到全面普及。在发展过程中，也存在一些问题，如过分重视经济效应、忽略文化对社会建设的作用，导致城市文化建设落后于会展业的发展。

当地政府没有做好城市文化传播的引导工作。城市展馆活动的开展会对当地文化传播产生较大的冲击。这主要是因为政府和企业过于注重经济发展，而忽略了搭建城市文化传播的渠道。此外，参展商和外来访问者身上固有的习惯并没有随着地理空间位置的转变而改变，潜移默化地影响着会展主办城市居民的生活方式,[①]无法使城市文化对外来消费者产生影响。

此外,福州缺少大型文化会议的举办权,知名度较低。国际大型展会活动原本是文化输出的窗口。然而,近年来福州在会展活动中虽然举办了一些比较大的展会活动,如五一车展、十一车展、数字会展等,但没有获得一些国内外大型文化会议的举办权。这使得福州文化传播缺少了一个重要的助推器,因此城市文化建设没有随着会展业的发展而得到快速传播。

(三)会展优化城市生态环境的机制不畅问题

展前准备对生态环境的影响。在展馆活动建设中,有些活动建设规模脱离实际标准、场馆建设未达到生态标准要求、场馆建设缺乏环保意识,使用很多布展材料不达标、展会布局不合理、一次性材料使用过多、高耗能产品使用过多等,[②]造成不合理的布局和材料浪费增加固体垃圾、二氧化碳排放量过大等,加剧城市生态环境的污染。

展中活动对生态环境的影响。在展会举办活动中签到及相关活动上,使用纸质材料过量、展会相关活动规划不合理,如使用过多纸质、塑料废弃污染。展会展台建设中,如特装展台使用过量、一次性材料使用过量等,造成固体废气污染。[③]在展会现场垃圾清理上,现场垃圾分类处理差、现场垃圾清理不及时等,也造成了一些废弃物的污染。

展后对生态环境的影响。在展会活动的撤展中,没有完善好撤展制

---

① 唐莉.城市文化特征对会展产业的影响[D].武汉:武汉理工大学,2010.
② 黄晨.福州市会展业发展的影响因素研究[D].福建:福州大学,2018.
③ 黄晨.福州市会展业发展的影响因素研究[D].福建:福州大学,2018.

度、展后的垃圾处理不规范，这也是导致环境污染的重要因素。

三、会展优化城市环境机制问题产生原因

（一）会展优化城市经济环境机制问题的原因

会展业的快速发展使得市场化运作逐步扩大，然而很多大型展会活动仍然由政府主导举办。从整个会展市场来看，目前只有小型会展是按市场规则由企业、商会、展览公司来承办。在福州经济一体化进程中，小型会展企业很难跟上会展业的发展步伐，加上政府在管理上也跟不上市场变化的发展，因此会展业的发展也会受到不同程度的影响。

（二）会展优化城市文化环境机制问题的原因

我国会展业发展时间相对较短，文化传播在会展行业尚未在各个城市中得到普及。会展业在举办活动时涉及诸多问题，如缺乏正确的疏导和管理，导致城市文化处于无序传播的状态。政府相关部门在疏导城市文化传播方面存在不足，未能有效推动城市文化的发展和传播。

（三）会展优化城市生态环境机制问题的原因

在展会活动举办中，由于场馆和展台设计规划不合理、生态理念没有应用到展会设计中、设计材料使用不规范、一次性材料和展台设计材料使用过多等造成很大的资源浪费。场馆、展台搭建材料环保标准低，没有严格按照标准来搭建，场馆、展台搭建使用材料不达标也是造成城市环境污染的主要原因。另外，展台搭建材料使用空调排放二氧化碳，对会展城市区域内的空气质量也会造成很大污染。

四、会展优化城市环境的机制完善对策

随着会展业的快速发展，其对城市环境的影响日益显著。然而，当前会展活动在优化城市环境方面仍存在诸多问题和挑战。因此，深入研究会展优化城市环境的机制完善对策，可以为城市管理者和会展组织者提供科学的决策依据和实践指导，促使会展活动与城市环境的协调发展。通过完善相关政策和措施，提升会展活动的环保意识和可持续发展能力，我们可以更好地发挥会展业对城市环境优化的促进作用，实现城市环境的持续改善和会展业的可持续发展。具体对策见图14-3。

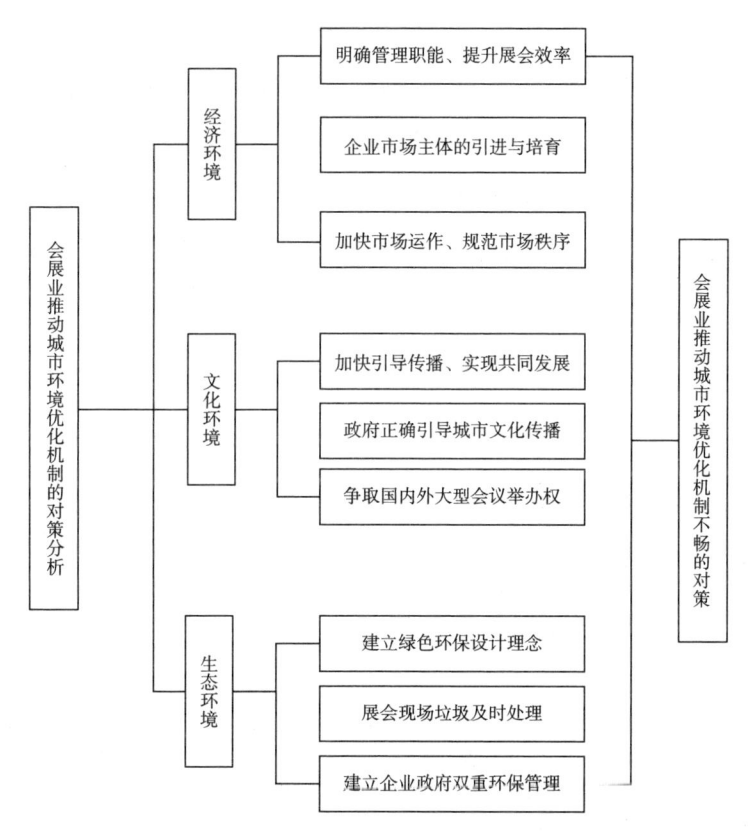

图 14-3 会展优化城市环境的机制完善对策

（一）在经济环境中建立适应会展与城市环境发展的机制

经济环境是会展业与城市环境发展的关键因素之一，建立适应性的机制是推动两者协调发展的重要保障。随着全球化和城市化的推进，会展业作为现代服务业的重要组成部分，与城市环境的互动关系愈发紧密。通过研究如何建立适应经济环境的会展与城市环境发展机制，可以明确会展业在城市经济发展中的角色定位，促进会展活动与城市环境之间的良性互动。这不仅能够提升会展业的经济效益和社会效益，还能够推动城市环境的持续改善和城市的可持续发展。

1. 明确会展管理部门职能，提升展会效率

在会展经济快速发展时代，政府一定要扶持会展业的发展，加强申办国内外大型展会项目，主动参与到现代化会展业城市竞争中，积极学习国外先进会展城市办展的经验和管理方法，[1]加快建立推行符合国际惯例的市场运作和完善市场机制管理，推动会展业健康有序发展。

2. 加强对市场企业主体的引进和培育

要发挥自身区位优势及市场辐射，借助"一带一路"倡议的助推车，以市场化运作方式吸引国内外资金涌入，大力发展新兴产业；同时也应积极引入符合福州产业特点的国外品牌展会，将一些大型的展会项目交于企业管理运营，加快会展品牌的培育。[2]培育出一批中小型特色会展服务企业，以适应会展市场经济发展。

---

[1] 贾彦静. 大型国际会展的文化传播功能探讨[D]. 济南：山东大学，2019.
[2] 刘民坤，杨小杰. 会展活动的磁场效应及其社会影响形成机制研究[J]. 广西教育学院学报，2018，155（3）：46-53.

3. 推动政府指导下会展市场化运作，规范市场秩序

在会展经济快速发展的过程中，政府应采取积极开放的态度，对会展业推动城市环境优化发展进行正确的指导。同时，要加强市场化基础设施建设，完善市场法律法规机制建设，加快规范会展市场发展秩序，进一步提高会展市场化运作体系。通过这些措施，可以促进会展业与城市环境的协调发展，提升城市综合竞争力。

（二）在文化传播中建立适应会展与城市环境发展的机制

会展活动作为文化交流与传播的重要平台，对于促进城市文化的传播与交流，塑造城市文化形象，提升城市文化软实力具有重要作用。同时，城市环境作为文化传播的载体和背景，对会展活动的举办和文化传播效果产生直接影响。

1. 正确引导文化传播，实现会展与城市文化共同发展

为了实现会展业与城市文化的共同发展，我们需要正确处理两者之间的关系。结合福州城市文化的特点，我们可以利用展会活动来推动城市文化的传播。同时，我们也要发挥城市文化的影响作用，以更好地促进城市经济和文化传播的发展。

2. 政府正确引导城市文化传播

大型活动是文化传播和扩散的"纽带"，而文化传播离不开媒体。因此，政府需要正确利用媒体在会展活动中推动城市文化的传播，使居民对会展活动带来的社会影响感知更加理性化，以促进城市文化的快速发展。

3. 积极争取国内与国际大型会议举办权

会议是会展业的重要组成部分，虽然经济效益不如展览活动高，但其举办意义远远高于展览活动。它不仅推动了城市知识文化的更新和文化传播，还能提升城市的知名度，有效促进城市文化的长远发展。因此，我们应该积极争取国内与国际大型会议的举办权，以推动福州城市文化的传播和发展。

（三）在生态环境中建立适应会展与城市环境发展的机制

随着全球生态环境问题的日益严峻，如何在保护生态环境的同时推动会展业与城市环境的协调发展，成为摆在面前的重要课题。通过建立适应生态环境的会展与城市环境发展机制，可以有效平衡会展活动对生态环境的影响，促进会展业与生态环境的和谐共生。这不仅能够减少会展活动对环境的负面影响、提高资源利用效率，还能推动城市环境向更加绿色、低碳、可持续的方向发展。

1. 建立"绿色"环保设计理念

在展会活动展馆和展台搭建设计上，应简化展馆与展厅的空间架构设计，避免材料使用的浪费。在展台设计搭建上，应多使用环保天然材料、循环与再生材料。同时，要突出展台设计的实用性，在展馆、场地、展台以及观展路线的设计中，应与展馆活动的实际需求相结合，以避免不必要的物料建设。

2. 现场垃圾及时处理

在展馆内建立起完善的垃圾回收系统，确保每一场活动结束时现场滞留的垃圾能够及时进行回收利用。对于现场的固体废弃物、废纸、废模板等物料，也要及时分类处理，以便资源循环利用。这些回收的物料也可以作为以后展会展台搭建、展览装饰和广告宣传等的材料。

3. 建立市场与政府双重"绿色"管理

政府相关部门应对展馆制定具体的绿色经营指标，确保展馆活动的绿色指标得到落实。同时，对举办展会活动要正确、及时、合理计量并记录展馆产生的垃圾费用，如果超过标准要承担相关费用。此外，应对各参展企业在材料使用和废物处理方面提出具体要求。同时，从原材料使用、展台搭建设计、服务管理等角度建立科学绿色的测评指标和奖罚机制，以减少展后活动所产生的固体废物对城市环境的影响，从而推进会展业的绿色发展。

五、本章小结

随着区域经济的不断深入发展，会展业已成为城市经济发展的新亮点，同时也是推动城市环境优化发展的新动力。首先，福州的会展业已经初步进入快速发展阶段，但与一线城市的会展业发展水平还有较大差距。为了推动会展业成为全市国民经济发展的新增长点和核心竞争力，我们需要充分认清当前会展业的发展环境，并建立适应其发展的运作机制。

其次，会展业与城市文化之间有着密切的关系。会展业不仅能够提高市民的整体文化素质，还能促进文化交流学习，对城市经济发展起到很大的推动作用。在推动会展业发展的过程中，我们不能只重视经济效应而忽视文化影响。城市环境的优化需要会展业与城市文化两者同步发展，才能实现会展业与城市文化的协调发展。

最后，在举办会展活动时，要注重城市生态环境的保护。城市环境恶化必然会影响到会展经济的发展。在会展业不断深入发展的背景下，做好生态环境保护是至关重要的。只有当会展业和城市环境实现和谐共赢，才能促进会展业推动城市环境的良性、健康及可持续发展。

第十五章 会展提升城市竞争力的机制：以福州市为例

会展业已逐渐发展成为新的经济增长点，同时也是潜力巨大的行业之一。它在提升城市竞争力方面发挥着重要作用，因此要利用好会展业的快速发展来带动城市竞争力。会展业发展产生的巨大市场经济社会利益促使许多国家和城市高度重视这一行业，以此提高城市的经济社会发展水平和竞争力。

我国会展业理论直到改革开放时期才开始步入正轨阶段，但在过去的30年里，它也经历了快速的发展：从无到有，从小到大，从单一到多样，从全面到专业，无论是硬件设施还是软件跟进，会展业都得到了全面发展。[1] 深化会展理论研究，对于了解我国会展业发展现状、完善我国会展业成功模式、预测未来发展趋势具有重要的理论意义。在现有的研究资料中，关于会展业的研究相对零散且分散，并且我们没有进行系统的分类和搜索。同时，我国会展学科的研究还不成熟，缺乏理论与实践，导致我国会展业在经济结构、行业等各个方面都存在些许问题，影响会展业的可持续发展。因此，本章的研究可以补充会展业相关理论。

---

[1] 兆磊.基于改进的钻石模型的城市会展竞争力研究［D］.上海：上海交通大学，2013.

会展业是集产品展示与贸易、经济发展、技术创新合作、科技社会文化交流为一体的新兴产业，具有促进投资、交通、商务旅游等功能，是一个巨大的现代服务业。会展业已逐渐成为城市经济增长的新极，通过对会展业提升城市竞争力机制的相关研究和探讨可以增强我市的竞争优势，并且可以促进加快形成新的会展产业结构，提高城市会展业发展的质量和水平。

一、会展对城市竞争力的提升机制

会展活动作为城市经济活动的重要组成部分，通过吸引人流、物流、信息流和资金流，为城市带来直接的经济效益和间接的社会效益。这些效益的累积和扩散，能够显著提升城市的综合竞争力。研究会展对城市竞争力的提升机制，有助于深入理解会展活动对城市经济、文化、社会等多个方面的综合影响，可以为城市管理者和决策者提供科学依据和决策支持，推动城市竞争力的持续提升。

（一）经济提升机制

改革开放以来，福州市充分利用国家沿海大开放的契机和毗邻东南亚等区域的地理优势，大力发展会展业。会展业因其显露出的高效率、高增长及循环经济的特性，全国各大城市中心开始重视会展经济。

会展业的发展对城市经济提升机制具有重要作用，具体如下：①联动会展产业共同发展，与其他相关产业形成紧密联系。②会展业对于经济发展具有倍增效应[①],此类效应是针对会展过程中产生的消费而进行的。③会展业发展产生的价值,往往会高于其活动自身,依靠会展活动而产生的连带经济效应往往是会展本身产生的效益的双倍之多。④大型展览的成功举办有利于提高当地的社会知名度,也能提高当地民众的文化意识,吸引大量外地游客前来,从而提高城市的经济效益。⑤会展业对区域经济有很大的促进作用和拉动效应。一个地区的会展经济发达,就会带动酒店业、物流业、广告业等的发展,带动现金流、商品流及人才流的交集和汇聚,进一步拉动区域经济发展。⑥会展业促进资源和信息传播,从而促进各个区域间的经贸往来,促进城市经济效益发展。⑦会展业发展能够提升城市知名度,完善城市相关公共基础设施,进而促进旅游业发展,提高城市经济效益[②]。具体流程,如图 15-1 所示。

[①] 倍增效应是指一个微小的变化能够引发一系列连锁反应,导致另一个变量产生大幅度增长的现象。这种效应通常出现在非线性系统中,其中变量之间存在复杂的相互作用关系。在经济学中,倍增效应常用于解释财富的不平等现象;在环境领域,它同样扮演着重要角色。

[②] 黄晨. 福州市会展业发展的影响因素研究[D]. 福州: 福州大学, 2018.

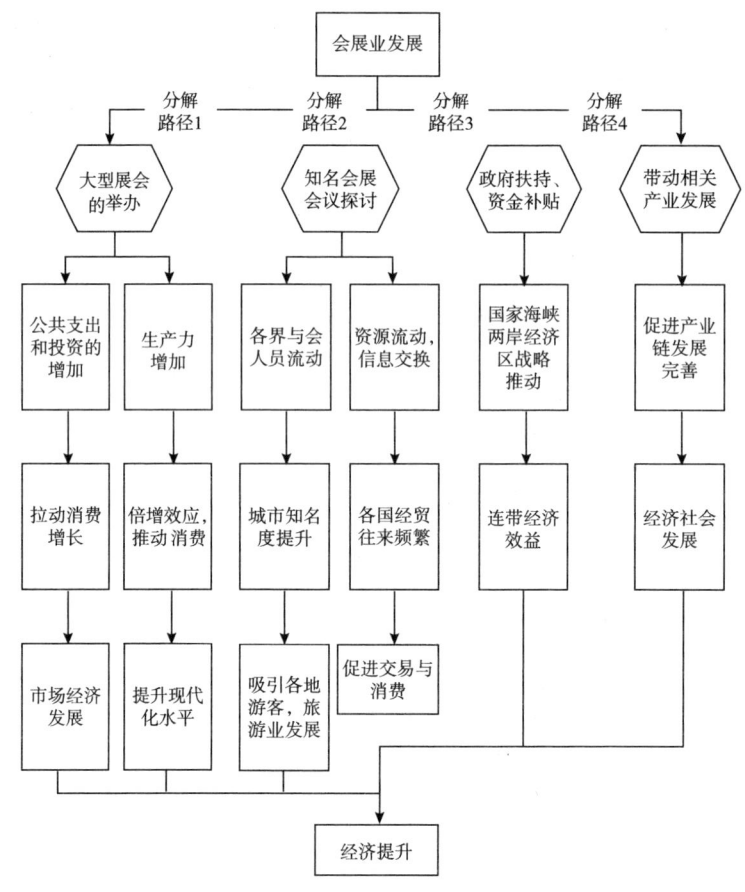

图 15-1 会展经济提升机制

（二）社会完善机制

近年来，福州市的会展业已经形成一定规模，会展公司的品牌运营取得了显著成效，会展场馆逐步完善，会展空间布局更加合理，会展环境逐步优化，中国海西"会展之都"的框架初步确立。

会展业发展对城市社会完善机制具有重要作用，具体如下：①会展业发展能够推动投资增长，对于一个部门来说会展业的发展还可以带动友邻部门达到同样的发展，带动其快速有效发展。②会展业发展可以带来巨大经济社会效益,这不是一个行业的发展,而是整个产业链的进步。③大型会展活动的举办,可以增加外来与会人员的参与,促进城市交通运输业和餐饮业住宿酒店的发展与完善,促进关联产业发展。④促进会展系列服务的发展,提高各界人士产业满意度,打造综合性展览服务业。⑤会展业发展促进会展场馆建设,福州海峡国际会展中心为各类展会提供场地条件。⑥会展业能够塑造城市品牌,举办成功的展会能够塑造举办地城市的品牌形象。⑦会展业能够提升城市形象,展会的举办是城市展现自我形象的绝佳时机。① 具体流程,如图15-2所示。

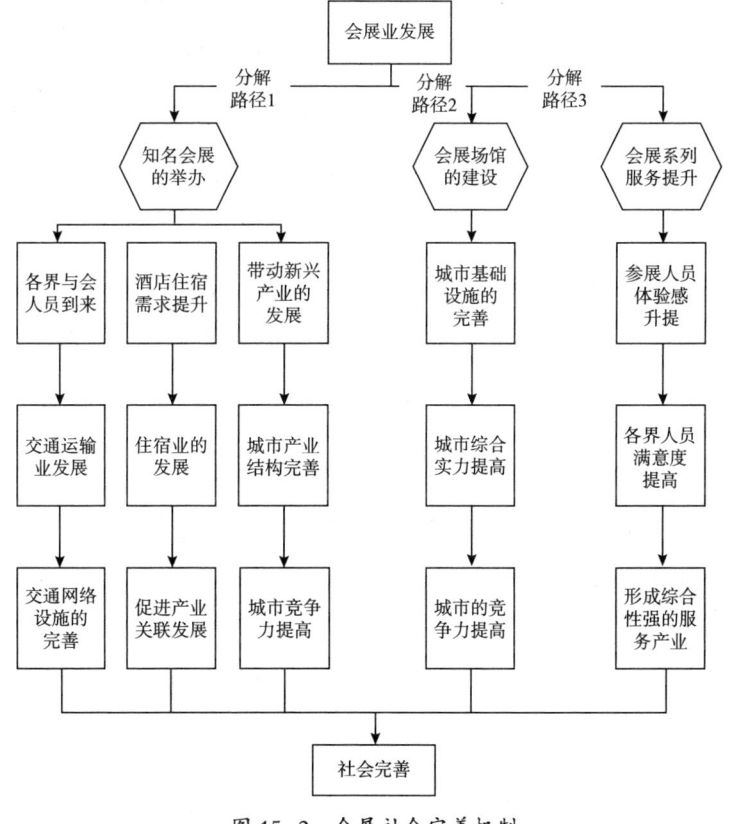

图 15-2 会展社会完善机制

① 郑玲.地方政府在会展业发展中的主导作用研究[D].福州:福建师范大学,2013.

(三)科技推动机制

随着经济的发展,中国经济实力增强,在科学技术研究方面也得到了显著的提升。这为城市会展业的发展提供了科技基础和产业支持,使其呈现出前所未有的发展前景。

会展业的发展对城市科技推动机制具有重要作用,具体如下:①大批专业性、高质量且具有国家和国际影响力的会议召开,会议的影响力逐年递增。会议产业的发展促进了高端学术信息的交流与讨论,提升了城市的科技竞争力。②会展业发展也带动了科技、资讯等市场方面的发展,如电子科技、生物医药、新材料及能源等新兴产业领域。③会展业发展推动高新技术企业的发展,建立多家高新技术企业和行业技术创新中心。④会展业通过展示的方式,将新的科研成果进行传播和推广,促进企业对新技术或新产品的使用,从而推动科技水平的发展。⑤参展商与买家直接现场交流,可以直接了解客户需求。⑥会展业发展能补充市场信息数据库,便于企业对信息进行采集和分析。⑦会展业加快信息向市场的转移,提高信息质量,并减少因信息资料错误而造成的经济损失。⑧会展业具备良好发展前景,各大地区高校设立相关会展专业,培养会展专业人才。⑨会展业衍生的智慧型会展业,进一步提升城市科技竞争力。具体流程,如图15-3所示。

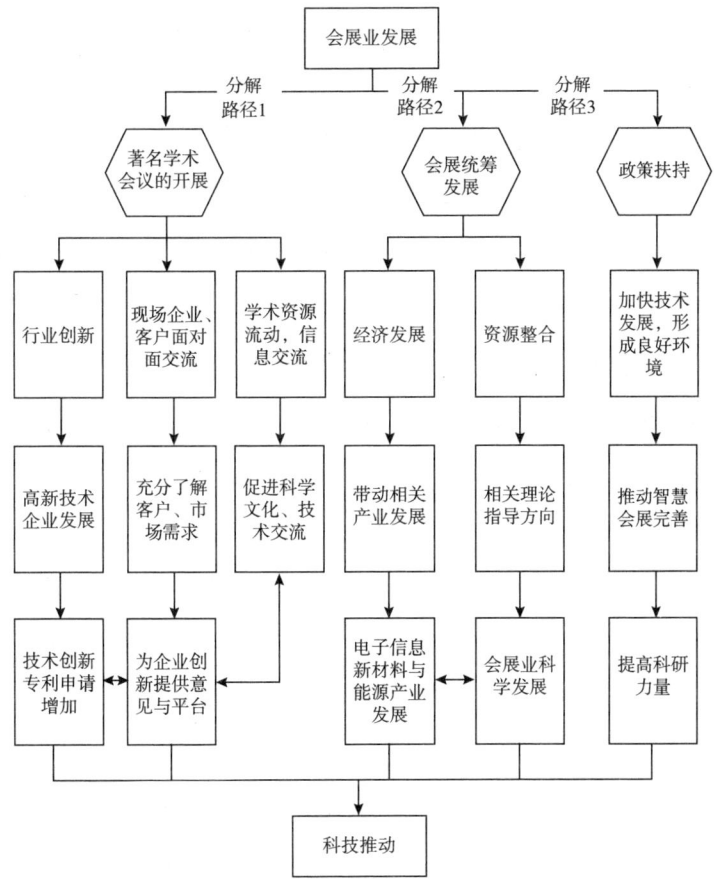

图 15-3　会展科技推动机制

（四）环境优化机制

绿色生态环境建设对城市竞争力提出了新的要求，福州会展业的发展将提升城市竞争力，为城市生态环境建设提供多元化融资渠道，提高环境污染治理效率，优化时空资源配置。城市会展业发展与城市生态保护环境建设，相互影响作用、相互促进、共同努力发展。[①]

---

① 李冬冬.城市生态建设与城市经济竞争力协同机制研究［D］.长春：吉林大学，2014.

会展业发展对城市环境优化机制具有重要作用。会展业的发展使得相关政策将福州定位为一个美丽的滨江滨海生态城市，努力将福州市打造成国家生态园林城市及国家级生态市。通过做好产业规划，加大对环境治理的力度，让城市功能更加多样化，建设环境友好型、资源节约型社会。为了成功举办大型展会，需要对城市的公共设施、环境绿化进行优化，美化城市形象，促进城市良性建设。会展业的发展促进了城市生态环境建设，推动了城市空间规划更加合理化。会展业衍生了绿色会展，让举办展会的污染降低到最小值，进一步促进了城市环境的优化。具体流程，如图 15-4 所示。

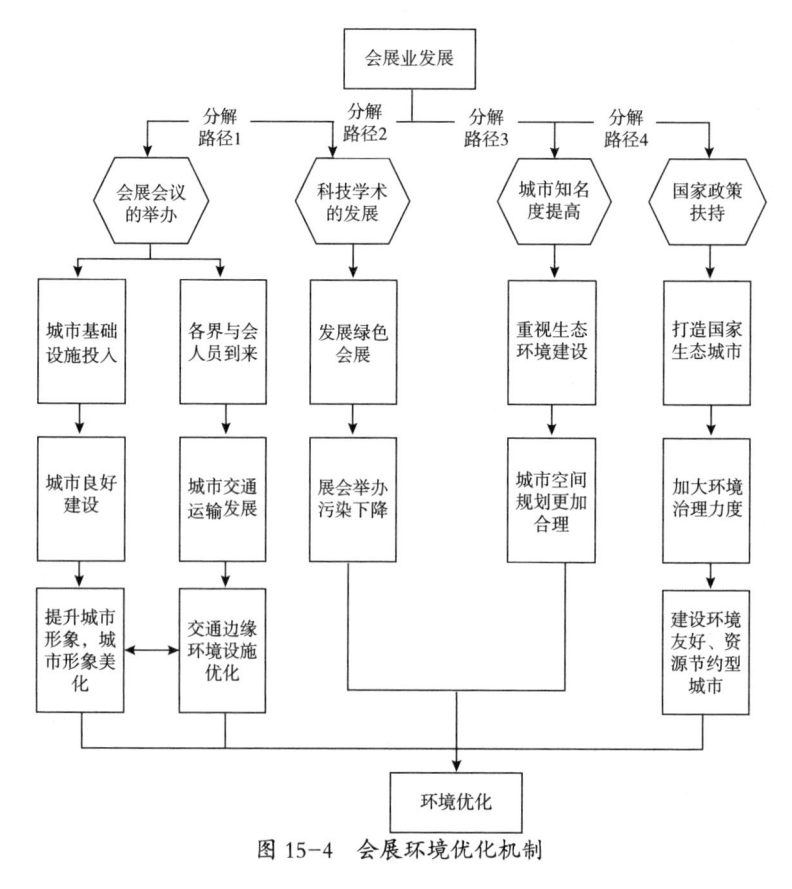

图 15-4 会展环境优化机制

二、会展业提升城市竞争力的机制存在问题

（一）经济提升机制存在的问题

会展业发展对推动城市经济提升机制仍存在不足之处，具体如下：①会展业的市场营销管理手段僵化陈旧。影响会展业的进一步拓展和城市知名度的提升。②福州市经济处于转型升级时期，面临着邻近城市的竞争压力，会展业也将受到一定影响。③会展业公司经营规模较小，大部分是中小企业，各企业之间不配合，呈现出许多劣汰现象。④福州市的会展企业经济实力较低，难以顺利开拓国内外市场，对于市场的把握度较为欠缺，遇到问题时由于缺少获取信息的渠道。⑤福州市会展业发展中政府管理存在严重缺位现象，如场馆基础建设投入力度不够、行业管理体制机制不健全、政策体系还未得到完善等。⑥福州市会展业市场化程度较低，市场化程度不发达会使得会展业各方面都处于一个较低的状态和水平，会展业的人流和现金流都难以达到一个理想状态，难以对当地经济起到拉动效果。⑦福州市的市场秩序有待完善。由于市场运作手段的缺乏，使得福州市的会展业运作效率低、重复建设多，造成了一定的资源浪费，降低了福州市会展业的竞争力。⑧缺乏会展绩效评估系统。减弱会展业对相关行业的拉动作用，也无法全面地进行统计和分析。

（二）社会完善机制存在的问题

会展业发展对推动城市社会完善机制仍存在不足之处，具体如下：①会展基础配套设施不完善，未构成完整产业链。当前，福州市会展业的关联行业与会展业之间尚未形成良好的分工协作机制，也未能形成完

整的产业链与产业群。②会展龙头企业规模小，竞争力较弱，会展业面临激烈竞争。③龙头会展企业数量少，较多企业缺乏办展经验，导致展会质量低下。④会展业的质量、组织和管理相对滞后。⑤会展业营销理念不明确，营销方式陈旧，从而使企业的营销缺乏鲜明的特点。⑥福州市会展企业在促销、宣传方面缺少创新，营销渠道不够丰富。很多企业依然习惯采用广撒网的方式进行促销，没有展开精准营销。

（三）科技推动机制存在的问题

会展业发展对推动城市科技推动机制仍存在不足之处，具体如下：①会展类型多为政府主导型，应将重点放在市场型会议上，以促进会展业的全面发展。②会展业的统筹管理仍不到位，缺乏专门的组织进行会展策划和现场统筹规划，导致展会现场的展示环境、资源浪费和恶性竞争等问题时有发生。③会展科技类型的活动面临参与量少的问题，群众参与率低、民间组织少、影响力不够大、品牌效益低、主体模糊等问题都是其主要问题，观众对科技展览的兴趣没有其他展览来得高。④学术会议活动群众参与较弱，不积极，较多观众对高端学术并不理解，以至于影响到场参展率。⑤对会展业在扶持力度上还存在一些不足，政府方面虽已对会展业开始重视，但仍然不是扶持的重点对象，扶持力度和政策有待于进一步完善和优化。⑥会展品牌影响力不足，没有高知名度的会展企业和知名会展区域品牌展会，行业内缺少龙头企业，缺少企业的带头引领作用，限制会展业发展。⑦会展专业人才缺乏，缺乏专业人才已成为会展业发展的重要限制因素，仅有小部分的企业拥有会展高端培养的人才，导致会展企业发展停滞不前，也仅有部分学校开设会展专业，导致高等人才缺失。

（四）环境优化机制存在的问题

会展业发展对推动城市环境优化机制仍存在不足之处。①管理制度不完整，缺乏约束机制，会展业发展缺乏对从业工作人员和办展组织的资质认定和审查管理制度，造成部分会展水平低、资源浪费。[①]②会展企业的绿色会展理念淡薄。大部分主办方对绿色会展的宣传力度较小，仅有少数公司进行宣传。③政府未发行具体政策规划。大多数参展商认为，展台越华丽，它就能展示出越多的价值，这种价值在展览浪费现象中是无法回收的。④参展商未采用绿色环保材料。展会期间，大量贴纸、劣质涂料，会造成严重的垃圾污染。⑤展会供应物资浪费现象严重。展馆使用的材料大部分是一次性产品，这些产品质量差，污染严重。⑥展馆设置的接待点少且设点位置偏僻，服务人员和展厅工作人员之间很难区分，没有统一服装[②]。

三、会展业提升城市竞争力的机制优化对策

会展业对提升城市竞争力的影响日益增强，越来越多的城市开始重视会展业的发展。尽管福州市会展业发展十分迅猛，但与北京、上海、深圳和广州等城市的差距仍然较大。针对上述的四个机制所产生的问题进行深入探讨并研究出具体优化策略。

[①] 何蔚.福州会展营销策略研究［D］.福州：福建师范大学，2013.
[②] 黄婉枫，宋思佳.从产业链角度看福州市绿色会展的发展［J］.现代商业，2017（32）：69-71.

（一）经济提升机制优化对策

第一，以服务营销理念为指导，增强服务意识。良好的服务意识是会展业成功实施战略乃至发展的关键。展览业中的所有活动都必须由具体人员进行，员工的言行会影响到参展者的第一印象和营销跟进策略的实施以及品牌展览活动的声誉。

第二，展后建立客户关系数据库。强化各展会中对客户关系的引导，形成展会资料数据库，这不仅能在展会举办时得到参展商的热情参与，更是涉及地区产业链整合，催生区域竞争力的关键。

第三，塑造区域品牌。在发展福州市本地区域性展会时，需要着重打造区域品牌，利用好区位特色，推动展会向国际化发展。

第四，加快培育大型会展企业。进一步加强对会展企业的支持，发挥龙头企业的领导作用，对人才队伍建设、对外宣传、展会承办给予其大力支持，发挥好公司的引领作用。

第五，行业协会积极配合。为提升会展企业办展的水平，行业协会可以开展一些相关培训课程，通过专业性的课程培训，增加企业的专业知识和水平，同时也可以建立相关信息网站介绍该行业的前端性信息。[1]

第六，组展方式信息化。利用信息技术对组展过程中的各个环节进行管理，为参展商及专业观众提供互动平台。

第七，采用多渠道营销方式。除了社交媒体平台，以活动发布和票务为核心的应用程序和网站也可以成为活动营销的重要平台。网络平台由于自带流量，发布在这些平台上的会展活动能够获得更多的网络曝光

---

[1] 杜静秋. 提升福州城市会展品牌管理水平研究［D］. 福州：福建师范大学，2015.

度，提升营销的实际效果。[①]

（二）社会完善机制具体对策

第一，完善会展业配套服务，构建会展产业链。丰富产业链的上游或下游，完善相关服务设施，为会展业的发展奠定良好基础。针对当前会展业公共配套不足的现状，要着力打造新型会展中心，不断完善展馆周边的交通设施、基础设施、公共卫生设施等基础配套设备。

第二，加强旅游会展一体化建设。旅游业的快速发展不仅能提升会展业的硬件基础设施条件，也能够强化会展业的品牌效应，同时为会展业带来更多的人流量与商机。

第三，立足城市特色，培育会展品牌。发挥城市的地域特色，加强与海外城市的联系，促进城市间的共同发展，共创独特"海峡"品牌，拓展和加强文化会展。

第四，软件与硬件同时发展。为了提供有品质的会展服务，对于会展场所的选定、周边的交通以及住宿都是需要重点考虑的问题。除了政府部门会进行相关的调查和指导，保证会展的质量，同时通过会展带动周边经济的发展，达到双方共赢的目的。

第五，建立会展评估系统。对大型展会活动、会展服务、会展社会经济效益等方面进行及时跟踪评估，并及时反馈会展信息，以便作为扶持办展办会的重要参考依据。

[①] 顾海英. 互联网时代中国会展业转型升级研究 [D]. 上海：上海师范大学，2019.

(三)科技推动机制优化对策

第一,培育新型展会,促进与新兴产业相关的贸易展览。加强对各类特色产业的扶持,重点发展文化创意产业展会,扩大区域内已经具有知名度的特色展会规模,并培育具有当地民族文化特色的会展产业。

第二,举办本地品牌会展活动。积极推广现有的地方特色品牌展览,继续弘扬这些展会的区域性和行业特色。

第三,加强会展高端人才的引进和培养。努力培养一批专业的会展项目管理人才、营销人才和专业的会展技术人才和管理人才。

第四,提高会展教育水平。继续支持城市各大高校开设会展相关专业课程,鼓励会展企业与高校进行联动合作。

第五,促进智慧会展①的快速发展。新兴科技总是能够吸引大众目光,通过现场体验活动让参展观众直观地感受到科技的魅力,增加参与者的沉浸感。在绿色会展②之后,智慧会展成为会展业的新宠。

第六,加强校企和会展行业协会之间的联系。会展行业协会应该能

---

① 智慧会展是运用现代信息技术、网络技术和人工智能技术,对会展行业的各个环节进行数字化、网络化、智能化改造的先进模式。它通过大数据、物联网等前沿技术,实现了全程数字化管理,显著提升了会展活动的效率。借助移动互联网、云计算等技术手段,智慧会展实现了线上线下融合,成功打破了地域限制,为会展活动带来了更广阔的空间和可能性。同时,应用人工智能技术,智慧会展大幅提升了会展活动的组织、策划、执行和评估能力,使会展行业焕发出新的活力。

② 绿色会展,即在会展项目的整个生命周期内,通过合理调配资源并采取积极的环境保护措施,旨在最大程度地减少会展活动对环境的不良影响,从而创建出环境友好型的会展项目。绿色会展以可持续发展为核心,通过运用节能技术、选用环保材料以及优化会展流程等措施,实现经济效益、社会效益和生态效益的和谐统一。它不仅能够提升会展行业的整体形象,还为企业提供了一个展示绿色创新成果的理想平台,进而推动整个产业朝着更加环保、可持续的方向迈进。

够形成互助协会，同时在协会基础之上，广泛与高校开展相关行业的数据分析探索与实践，企业可作为校园实习单位为相关学生提供产业实践活动。

（四）环境优化机制优化对策

第一，优化城市办展环境。建立科学的管理机制来解决管理问题，加大对会展展馆的资金支持与优惠政策，招商引资来建设展馆。改善会展中心周边的交通状况，加速建设集物流、广告、餐饮、酒店、旅游于一体的会展综合体。

第二，会展场馆的生态设计与建造。注重资源回收，改善场馆的声音景观、热环境、风环境。在展厅的展位设计中，采用节能新材料，易于安装和拆卸，减少垃圾，展示用品优先选择易于回收的材料，鼓励节能、清洁的工业创新。

第三，推行绿色营销概念。展览主办机构将筹划更多充分反映环保意识及保持自然平衡的绿色展览项目。展览主办机构提供环保展览项目，参与的企业亦会利用这个服务平台，向市民和消费者传达环保意识的重要性，在消费者心目中树立注重环保的良好形象。

第四，在会展企业中推广绿色会展理念。绿色展览的概念不应该只是口头提出，应该正式纳入规划。

第五，设立展会独立生态展馆，减少一切铺张浪费。展馆虽然有硬件设备，但没有绿色环保意识和严格的执行标准，必须从展馆设备管理中实现真正的绿色展馆。

四、本章小结

会展业可以显著提升一个城市的竞争力，带动多地区的资金、科技、人才等资源发展，使这些地区资源共同发挥作用。[1] 本章全面介绍了全市会展业的发展状况，通过对具体优化措施和研究机制四个方面的研究，制定会展业发展的目标和指导方针。提升城市竞争力并为其他城市举办会议和展览提供实用的指导和基础。会展业为城市的经济和社会发展做出贡献，本章提出对四个特定机制的研究：经济发展机制、社会改善机制、科技推动机制和环境优化机制。同时，还提出针对城市会展业发展的优化管理措施：从政府、技术、推广、媒体宣传、公众参与、综合基础设施、行业协会等方面入手，加快建设绿色会展和智慧会展并通过会展业的发展帮助提高城市的竞争力。

---

[1] GREEN C, TAKS M, CHALIP L. Impacts and strategic outcomes from non-mega sport events for local communities [J].European Sport Management Quarterly, 2015（1）: 1-6.

参考文献

一、中文类参考文献

（一）中文著作类

［1］王方华，过聚荣.中国会展经济发展报告［M］.北京：社会科学文献出版社．2009.

［2］俞华.会展信息交流研究［M］.北京：中国商务出版社，2006.

［3］中国国际贸易促进委员会北京市分会，北京市统计局.北京会展业发展报告2009［M］.北京：对外贸易大学出版社，2009.

（二）中文期刊类

［1］陈凯.会展经济与城市经济的互动效应［J］.现代经济信息，2019（8）：13.

［2］陈龙江.广州会展业的差距与发展对策：基于与先进城市的比较［J］.广东外语外贸大学学报，2013，24（4）：14-17.

［3］陈正康，邸嘉禹.会展业促进双循环新发展格局构建的作用机理研究［J］.商业经济研究，2023（3）：167-172.

［4］狄俊安，林文，林中燕.闽台合作背景下产业人才培养联动机制研究［J］.教育评论，2016（10）：91-94.

［5］发展研究期刊编辑部.再立潮头谱新篇 开创数字福建建设新局面［J］.发展研究，2022，39（3）：17-25.

［6］方忠权，刘松萍，林瀚.广州市琶洲地区会展产业集群培育分析［J］.商业研究，2012（9）：212-216.

［7］扶涛.人力资源开发与产业转型升级的交互影响机理与适配效应研究——基于中国2010—2015年数据［J］.湖北社会科学，2016（6）：62-70.

［8］高玥珣.闽台食品行业人才需求现状及预测研究［J］.海峡科学，2018，136（4）：71-74.

［9］公丕明.构建多元化科技人才激励机制［J］.中国党政干部论坛，2022，407（10）：85-88.

［10］郭阳.浅析大型会展的新闻策划与宣传报道——以天津电视台第五届世界智能大会报道为例［J］.科技传播，2022，14（9）：64-66.

［11］何军.论我国绿色会展设计的实现途径［J］.人民论坛：中旬刊，2011（2）：176-177.

［12］胡冰清.会展与主办城市的互助发展［J］.中外企业家，2015（6）：39-39.

［13］黄婉枫，宋思佳.从产业链角度看福州市绿色会展的发展［J］.现代商业，2017（32）：69-71.

［14］李芳尚.新形势下深化闽台融合发展研究［J］.湖北省社会主义学报，2017（4）：45-49.

［15］李峰，王珊.高水平研究型大学促进人才高地建设的机制、路径与对策［J］.国家教育行政学院学报，2023（2）：71-79.

［16］李雷婷.福州会展传播现状及策略研究［J］.东南传播，2015（11）：64-65.

［17］李铁成，刘力.建设国际商贸中心目标下广州会展产业加快发展问题研究［J］.城市观察，2019（1）：135-144.

［18］李晓惠，徐莺.推拉理论视域下人才引进机制研究——以洛阳市为例［J］.广西职业师范学院学报，2022，34（4）：33-41.

［19］林志达，林子华.闽台高科技产业互补合作：双赢分析与机制创新［J］.全国商情（理论研究），2011（5）：9-11.

［20］刘海莹.会议的力量［J］.中国会展，2018（12）：11.

［21］刘坚，张超，高程达，等.会展业对生态环境的影响及对策分析［J］.经济论坛，2018（11）：139-142.

［22］刘民坤，杨小杰.会展活动的磁场效应及其社会影响形成机制研究［J］.广西教育学院学报，2018（3）：38-45.

［23］刘民坤，杨小杰.会展活动的磁场效应及其社会影响形成机制研究［J］.广西教育学院学报，2018，155（3）：46-53.

［24］刘松萍，蔡伊乐，湛冬燕.广州会展业发展的现状与对策研究［J］.城市观察，2018（3）：36-45.

［25］刘小新，陈舒劼.推进闽台文化创意产业深度融合发展［J］.现代台湾研究，2021，154（3）：1-6.

［26］芦双双，王博宇.国内外会展活动环境影响进展与展望［J］.江苏商论，2020（5）：8-10.

[27] 申强，任泓霖，徐莉莉，等 . 基于 FMEA 理论的会展活动环境影响分析［J］. 特区经济，2018（7）：144-147.

[28] 沈铁鸣 . 浅论新经济环境下中国会展业的绿色转向［J］. 山西财经大学学报，2011（3）：92-93.

[29] 苏畅，魏志宇，陈家骥 . 创意宣传、品牌策划与思政表达：全媒体时代地方会展场馆的价值传播——以长影旧址博物馆为例［J］. 商展经济，2022（21）：1-3.

[30] 苏琳 . 提升展会沟通机制推动产业技术创新——世界机器人大会的案例研究［J］. 中国报业，2020（12）：44-46.

[31] 王缉慈 . 关于我国区域研究中的若干新概念的讨论［J］. 北京大学学报：哲学社会科学版，1998（6）：114-120.

[32] 文倩 . 创新型企业核心人才激励机制的构建探讨［J］. 中国集体经济，2022（21）：91-93.

[33] 吴凤娇 . 深化闽台产业融合发展的路径探析［J］. 现代台湾研究，2021（4）：46-51.

[34] 吴世娟 . 经济欠发达地区的人才集聚路径探索［J］. 武夷学院学报，2023，42（2）：60-66.

[35] 夏龙，申强，王军强 . 会展业发展与产业结构转型升级——基于中介效应的实证［J］. 产经评论，2020，11（6）：114-126.

[36] 向东 . 面向经济主战场 推进人才评价机制改革［J］. 中国人才，2023（2）：40-41.

[37] 许忠伟，严泽美 . 会展业对地区经济影响的研究述评［J］. 旅游论坛，2016，9（6）：1-9.

［38］颜思远，童埼.绿色会展发展现状与对策研究——以广交会为例［J］.企业导报，2016（14）：60-61.

［39］姚月清.闽台文化创意产业融合发展对策研究［J］.海峡科技与产业，2020，255（10）：7-9.

［40］游蓝天，钟兴华.通过"四链双循环"视角论述会展综合体对城市文化传播的影响［J］.商展经济，2022（23）：7-9.

［41］袁园.文博会促进文化创意产业发展策略［J］.开放导报，2017，193（4）：105-108.

［42］张凡.人才的价值新时期会展人才对行业发展产生的重要影响［J］.中国会展，2023（1）：62-69.

［43］朱秀凌.我国会展传播的SWOT分析［J］.闽南师范大学学报（哲学社会科学版），2009（2）：143-148.

（三）中文论文类

［1］蔡怡浩.厦门文化创意产业发展的对策研究［D］.厦门：集美大学，2015.

［2］杜静秋.提升福州城市会展品牌管理水平研究［D］.福州：福建师范大学，2015.

［3］顾海英.互联网时代中国会展业转型升级研究［D］.上海：上海师范大学，2019.

［4］郭小青.制造业产业集聚、技术创新对城市环境污染的影响机制与效应研究［D］.南昌：江西财经大学，2020.

［5］何蔚.福州会展营销策略研究［D］.福州：福建师范大学，2013.

［6］胡雪梅.科学人才观的理论内涵与实践应用研究［D］.南昌：江西师范大学，2010.

［7］黄晨.福州市会展业发展的影响因素研究［D］.福州：福州大学，2018.

［8］黄一峰.基于行业协会平台的闽台人才交流合作机制研究［D］.泉州：华侨大学，2013.

［9］贾彦静.大型国际会展的文化传播功能探讨［D］.济南：山东大学，2019.

［10］李冬冬.城市生态建设与城市经济竞争力协同机制研究［D］.长春：吉林大学，2014.

［11］唐聪聪.上海会展业低碳竞争力评价体系研究［D］.上海：上海工程大学.2016.

［12］唐莉.城市文化特征对会展产业的影响［D］.武汉：武汉理工大学，2010.

［13］殷雯君.我国会展人才培养存在的问题及对策研究［D］.上海：华东师范大学，2008.

［14］兆磊.基于改进的钻石模型的城市会展竞争力研究［D］.上海：上海交通大学，2013.

［15］郑玲.地方政府在会展业发展中的主导作用研究［D］.福州：福建师范大学，2013.

（四）中文其他类

［1］沈和江，杜计平，陆晓杰，等.城市会展业发展环境优势分析——以河北石家庄市为例［C］//"地域文化与城市发展"国际学术研

讨会 . 北京联合大学，2009.

［2］杨国豪.发挥福建优势，打造台湾人才登陆第一家园［EB/OL］.（2019-07-04）［2024-01-10］.https://news.gmw.cn/2019-07/04/content_32971241.htm.

二、英文类参考文献

（一）英文期刊类

［1］ABELSON P. Evaluating major events and avoiding the mercantilist fallacy［J］. Economic Papers，2011，30（1）：48–59.

［2］BONN M，HARRINGTON J. A comparison of three economic impact models for Applied hospitality and tourism research［J］. Tourism Economics，2008，14（4）：769–789.

［3］BRAUN B M. The economic contribution of conventions：the case of Orlando，Florida［J］.Journal of Travel Research，1992，30（3）：32–37.

［4］GARROW V，HIRSH W. Talent management：Issues of focus and fit［J］. Public Personnel Management，2008，37（4）：389–402.

［5］GREEN C，TAKS M，CHALIP L. Impacts and strategic outcomes from non-mega sport events for local communities［J］.European Sport Management Quarterly，2015，15（1）：1–6.

［6］STAM J A .China's emerging technological edge：Assessing the role of high-end talent［J］. AsianBusiness & Management，2010，9（3）：453–455.

（二）英文其他类

［1］CAO Y，MICHAEL L Z. Economic impact of trade exhibitions on the city-state Singapore economy［C］.Regional and Urban Modeling，2000.

［2］LI L. Exploration on New Model of Fujian-Taiwan Cooperative Talents Training Basedon Indusy Leadership［C］//Singapore Management and Sports Science Institute，2019：6.

致　谢

　　首先,我要衷心感谢所有参与此专著创作和出版过程的同仁们。他们的辛勤付出和不懈努力,使得这本专著得以成功问世,并对会展影响机制这一议题进行了深入的探讨和研究。特别感谢我的指导教授,他们严谨的学术态度、深厚的专业知识、无私的分享以及耐心的指导,使我在会展研究领域取得了显著的进展。他们的信任与支持,让我有勇气完成这部专著的撰写。

　　我也要感谢我的同事们,他们的讨论与建议让我的研究更加深入和全面。他们的独到见解和丰富经验,不仅丰富了我的思考,也进一步完善了我的研究内容。此外,我还要向所有参考文献的作者、参与审稿和编辑工作的专家们表示衷心的感谢。他们的专业素养和严谨态度确保了专著的高品质。他们提出的宝贵意见和建议,使我的研究更加成熟和完善。

　　我也要感谢我的家人和朋友们。他们的支持和鼓励是我完成这部专著的重要动力。在我遇到困难和挫折时,他们始终陪伴在我身边,给予我信心和力量。这部专著的出版,不仅是我学术生涯的一个重要里程碑,更是我对会展影响机制这一议题深入探索的成果。

我要特别提及吴晓静、杨煌斌、严菲、张境芙、王佳琪、陈志炜、黄佳珍、李若兰、方少兰、张海钰、林欣雅、刘鑫、王维杰、韦金池、沈雨诗等同仁们，他们为本书的诞生付出了巨大的努力。同时，我也要感谢荟源国际展览有限公司、中广华视文化传播发展有限公司、数字中国会展中心、福州会展会务集团、福州建发会展有限公司、厦门凤凰会展服务有限公司、厦门国贸会展集团有限公司等业界同仁们，他们提供的宝贵经验案例为本书增色不少。

这部专著的出版，是我对会展影响机制这一议题探索的初步成果，我期待它能引起更多人对会展领域的关注和深入研究，共同推动会展行业的繁荣与发展。

肖龙

2023 年 12 月于福州